Kyle Idleman sabe en qué lugar estamos[...] vivir con la ayuda de Dios. Sus palabras son al mismo tiempo profundas y prácticas. Se ha comprometido a ayudarnos a avanzar en la dirección correcta. Si necesitas una mano que te auxilie en tu travesía, él señala hacia la Persona adecuada.

Max Lucado, pastor de la iglesia Oak Hills Church
y autor de éxito de ventas

Jesús nunca nos pidió que nos sentáramos afuera del campo de juego para alentar su causa. En *No soy fan*, Kyle Idleman nos desafía a crecer para dejar de ser seguidores de Cristo solo cuando el clima está bueno, y comenzar a ser seguidores en cualquier tiempo.

Craig Groeschel, pastor principal de LifeChurch.tv
y autor de *The Christian Atheist* [El Cristiano Ateo]

Toma tu marcador fosforescente y deja que Kyle te conduzca de nuevo a lo que constituye el corazón del cristianismo. ¡Puede ser que nunca disfrutes tanto de un desafío como al leer este libro, claro, convincente y atractivo!

Lee Strobel, autor de éxito de ventas del New York Times

No soy fan es un mensaje agudo que desafía hasta al más obediente de los cristianos a echarle una nueva mirada a su relación con Cristo. Lo recomiendo sin reservas tanto para los individuos como para las iglesias de cualquier lugar.

Mike Huckabee, ex gobernador de Arkansas
y autor de *Do the Right Thing* [Hacer lo correcto]

El contenido de este libro va a sacudir tu mundo . . . y el autor de este libro es una persona auténtica. Kyle es un gran líder y seguidor de Cristo. Su enseñanza sobre «no ser un fan» constituyó un punto definitorio que marcó el comienzo de un mover en nuestra iglesia que continua hasta hoy. *No soy fan* puede hacer lo mismo en tu vida.

Dave Stone, pastor principal de la iglesia Southeast Christian Church

Este libro desbarata el *status quo* y desafía a los lectores a seguir a Cristo con una mayor devoción.

Mark Batterson, pastor principal de la iglesia National Community Church es Washington, DC

El libro *No soy fan*, de Kyle Idleman constituye un mensaje fundamental para nuestro tiempo. Se trata de un llamado poderoso al compromiso y a seguir a Jesús con todo el corazón, que me ha confrontado con un desafío, en el mejor de los sentidos.

Jud Wilhite, pastor principal de la iglesia Central Christian Church de Las Vegas y autor de *Throw it Down* [Echar por tierra]

No soy fan es un libro que todo cristiano debería leer y releer con regularidad. Yo comencé a leer el manuscrito y no pude parar hasta terminarlo. Este es un mensaje actual para la iglesia, y tengo la esperanza de que cada creyente que lo lea se convierta en un auténtico seguidor de Cristo.

Christine Caine, fundadora de la Campaña A21

no soy fan.

no soy fan.

SEGUIR A JESÚS TOTALMENTE ENTREGADO

kyle idleman

La misión de Editorial Vida es ser la compañía líder en satisfacer las necesidades de las personas con recursos cuyo contenido glorifique al Señor Jesucristo y promueva principios bíblicos.

NO SOY FAN
Edición en español publicada por
Editorial Vida – 2012
Miami, Florida

© 2012 por Kyle Idleman
Este título también está disponible en formato electrónico.

Originally published in the USA under the title:
Not a Fan
Copyright © 2011 by Kyle Idleman
Published by permission of Zondervan, Grand Rapids, Michigan 49530

Traducción: *Silvia Palacio de Himitian*
Edición: *Pablo Griffioen*
Diseño interior: *Tanq Comunicación Visual*

ISBN: 978-0-8297-6263-1

CATEGORÍA: Vida cristiana / Crecimiento espiritual

IMPRESO EN ESTADOS UNIDOS DE AMÉRICA
PRINTED IN THE UNITED STATES OF AMÉRICA

12 13 14 15 16 ❖ 6 5 4 3 2 1

A mi Papá
Sigo lo que me enseñaste para seguir a Jesús

Contenido

prólogo

Es jueves, temprano por la tarde, y yo estoy sentado en el santuario del templo. Está vacío. Faltan pocos días para las Pascuas. Es probable que más de treinta mil personas concurran a los servicios del fin de semana, y no tengo idea de lo que voy a decirles. Puedo sentir la presión acumularse sobre mí mientras permanezco sentado esperando que aparezca algún sermón en mi mente. Observo los asientos vacíos a mi alrededor confiando en que de algún lado me llegue inspiración. En lugar de eso, lo único que siento es transpiración. Enjugo el sudor de mi frente y miro hacia abajo. Este sermón tiene que resultar bueno. Hay algunas personas que solo vienen a la iglesia en Navidad y Pascua (los llamamos «pascuanavideños»). Quiero asegurarme de que todos regresen. ¿Qué podría decir para captar su atención? ¿Cómo puedo hacer el mensaje más atractivo? ¿Habrá algo creativo que yo pueda hacer para que se convierta en un éxito que dé que hablar?

Todavía nada. Hay una Biblia en el asiento de enfrente. La tomo. No se me ocurre ninguna escritura. He pasado la vida estudiando este libro y no puedo pensar en un pasaje que logre sorprender a los pascuanavideños. Considero la posibilidad de usarla del modo en que lo hacía cuando era niño. Tipo juego mágico: uno se hace una pregunta, abre la Biblia, señala en la página con el dedo, y lo que sea que salga, responde a aquella pregunta.

Finalmente un pensamiento cruza por mi mente: Me pregunto qué enseñaba Jesús cada vez que se encontraba con esas enormes multitudes. Lo que descubro me cambia para siempre. No solo como predicador, sino como seguidor de Cristo. Descubro que cuando Jesús tenía ante sí una gran multitud, con mucha frecuencia predicaba un mensaje que muy probablemente llevara a la gente a alejarse.

En aquel santuario vacío leo acerca de una de esas ocasiones en Juan capítulo 6. Jesús habla ante una multitud que probablemente sobrepase las cinco mil personas. Él nunca ha sido tan popular como ahora. Ha corrido la voz acerca de sus sanidades milagrosas y de su enseñanza inspiradora. Esa multitud, formada por miles, ha venido a alentarlo.

Después de todo un día de enseñar, Jesús se da cuenta de que la gente comienza a tener hambre, así que se vuelve hacia sus discípulos y les pregunta qué podría hacer toda esa gente para conseguir comida. Uno de los discípulos, Felipe, le dice a Jesús que ni aún contando con ocho meses de salario tendrían el dinero suficiente como para comprar pan para que todos comieran un bocado. Desde la perspectiva de Felipe, realmente no se puede hacer nada. Pero otro discípulo, Andrés, que ha estado recorriendo con la mirada a la multitud, le dice a Jesús que hay allí un muchacho que tiene cinco panes y dos pequeños peces. Jesús toma la bolsa del almuerzo del muchacho y con eso alimenta a toda la multitud. De hecho, la Biblia relata que después de que todos quedan satisfechos aún sobra mucha comida.

Después de la cena, la multitud decide acampar para pasar la noche y poder estar con Jesús al día siguiente. Aquellos son algunos de los principales fans de Jesús. A la mañana siguiente, cuando la multitud despierta y siente hambre otra vez, comienza a buscar a Jesús (léase el ticket para su desayuno) pero no lo encuentra por ningún lado. Esos fans esperan que él brinde un segundo espectáculo. Luego se dan cuenta de que Jesús y sus discípulos han cruzado el lago hasta la otra orilla. Para cuando alcanzan a Jesús, están muertos de hambre. Han perdido la oportunidad de pedir su desayuno y se preparan para lo que haya en el menú del almuerzo. Pero Jesús ha decidido cerrar su buffet de «tenedor libre». No entrega más muestras gratis. En el versículo 26 Jesús le dice a la multitud:

Ciertamente les aseguro que ustedes me buscan, no porque han visto señales sino porque comieron pan hasta llenarse.

Jesús sabe que esa gente no se toma tantas molestias y sacrificios por seguirlo sino porque desea más comida gratis. ¿Es a Jesús a quien ellos desean, o solo están interesados en lo que él puede hacer por ellos? En el versículo 35 Jesús se ofrece a si mismo, pero entonces la pregunta que surge es ¿Eso les será suficiente?

Yo soy el pan de vida —declaró Jesús—. El que a mí viene nunca pasará hambre, y el que en mí cree nunca más volverá a tener sed.

Jesús dice: Yo soy el pan de vida. De repente, Jesús es lo único que hay en el menú. La multitud debe decidir si él los satisfará o si tienen hambre de algo más. Esto es lo que leemos al final del capítulo:

Desde entonces muchos de sus discípulos le volvieron la espalda y ya no andaban con él (Juan 6:66).

Muchos de los fans se vuelven a su casa. Me sacude el hecho de que Jesús no salga a buscarlos. Él no suaviza su mensaje para hacerlo más atractivo. No manda a sus discípulos a perseguirlos llevando un folleto creativo que los invite a volver para «prepararse su propio postre helado» social. No parece afectarle el hecho de que su popularidad se haya ido a pique.

Sentado en el santuario, rodeado de miles de asientos vacíos, esto fue lo que se me hizo claro: a Jesús no le preocupaba el tamaño de la multitud sino su nivel de compromiso.

Coloqué de nuevo la Biblia en el asiento frente a mí.

Lloré.

Dios, lo lamento.

Casi tan pronto como le dije aquello, supe que necesitaba ir más allá. Algunos días después, el domingo de Pascua, comencé mi sermón ante una multitud de algunos miles con una disculpa ahogada. Le dije a la multitud que yo había estado equivocado al preocuparme tanto por lo que ellos pudieran pensar y por el hecho de que volvieran a venir.

Con el paso de los años puedo evaluar que mis intenciones fueron buenas; quería lograr que Jesús resultara lo más atractivo posible de modo que la gente se acercara a él para encontrar la vida eterna. A esas personas yo les ofrecía a Jesús a la vez que les entregaba una gran cantidad de pan gratuito. En el proceso rebajaba el evangelio.

Pensémoslo de esta manera. Imaginemos que mi hija mayor llega a los veinticinco años. No está casada, pero realmente lo desearía.[1] Yo decido que voy a colaborar para que eso suceda. Así que imaginen que pongo un aviso en el periódico, coloco un cartel, y mando a confeccionar camisetas con una leyenda pidiendo que alguien la elija. Y hasta ofrezco algunos regalos atractivos como incentivo. ¿Todo eso no la rebajaría como persona? ¿No daría la impresión de que cualquiera que se acercara a ella le estaría haciendo un favor? Yo nunca haría algo así. Establecería estándares altos. Analizaría el currículum de los postulantes; los pasaría por el detector de mentiras. Los haría llenar largos formularios por triplicado. Constataría sus referencias. Instalaría cámaras ocultas. Si alguien deseara llevar adelante una relación con ella, más le valdría estar dispuesto a darle lo mejor que tuviera. No desearía simplemente oírlo decir que la ama; quisiera saber que se compromete con ella. Quisiera saber que daría su vida por ella.

Con demasiada frecuencia en mi forma de predicar he procurado convencer a la gente de que siguiera a Jesús. Deseaba que ir tras él les resultara lo más atractivo, cómodo y conveniente posible. Y quiero decir que lo lamento. Sé que resulta extraño comenzar un libro con la presentación de una disculpa, pero deseo que sepan que el recorrido al que los invito es uno que yo ya he realizado. Es una travesía en la que continúo, y debo decirles que no ha sido fácil. Me resultaba más cómodo formar parte de la multitud.

Sé que normalmente uno elige para la introducción algo que lleve a la gente a leer el libro. Consigue que alguna celebridad la escriba, o pide

---

[1] Nota: Todas las ilustraciones literales o hipotéticas referidas a cualquier miembro de la familia han sido utilizadas sin un permiso expreso por escrito.

que la redacte alguna otra persona que pueda decirles a los lectores lo grande que es el escritor. O, en último lugar, el autor puede escribir algo como introducción al libro que lleve a la gente a querer leerlo. No estoy seguro de haber hecho eso... probablemente no. Me parece que una disculpa de parte de un hombre que durante un largo tiempo estuvo equivocado no es algo que inspire demasiada confianza. Pero quiero que quede en claro que este libro no tiene que ver simplemente con información que llene las páginas, ni se trata del comentario de un pastor sobre las Escrituras. Este libro ha sido escrito por uno de esos que formaron parte de la multitud de Juan 6 y que pensaba que Jesús era fantástico, pero que se había embarcado en la cosa por la comida gratis.

Espero que lean este libro y descubran junto conmigo lo que realmente significa seguir a Jesús. Habla más acerca de arrepentimiento que de perdón, más de entrega que de salvación, más de quebrantamiento que de felicidad, y más acerca de la muerte que de la vida. La verdad es que si lo que buscan es un libro sobre cómo seguir a Jesús que señale un camino cómodo y tranquilo, no lo van a encontrar aquí. No me malinterpreten: quiero que continúen leyéndolo; solo deseo ser directo y sincero y hacerles saber que no habrá un montón de pan gratis.

primera parte

¿fan o seguidor?

un diagnóstico sincero

capítulo 1

D.L.R.

¿Eres un seguidor de Jesús?

Yo diría que hay muchos chances de que tú simplemente hayas pasado por alto esa pregunta. Puede ser que la hayas leído, pero dudo que tuviera peso o que te causara un impacto real. ¿Me permitirías hacerte la pregunta de nuevo? Es la más importante que responderás en tu vida.

¿Eres un seguidor de Jesús?

Lo sé, lo sé. Ya te han hecho esa pregunta antes. Y porque te resulta tan familiar tienes la tendencia a desestimarla. No porque te haga sentir incómodo. No porque te produzca una convicción de culpa. La pregunta se desestima mayormente porque parece redundante e innecesaria.

Es probable que si estás leyendo este libro formes parte de uno de estos dos grupos:

1. El grupo «Tengo la calcomanía con el pescadito de Jesús pegada en el vidrio de atrás de mi automóvil». Te has tomado bastante en serio tu fe y compras en la sección de libros cristianos de la librería. Si este es tu caso, mi pregunta «¿Eres un seguidor de Jesús?» te parece una cuestión retórica y estás a punto de cerrar el libro, o por lo menos de buscar en el índice si hay algún capítulo que te pueda ser de utilidad. Reconoces que se trata de un interrogante importante como para que otros lo consideren, pero, ¿hacértelo a ti? Bueno, sería como entrar en un bar de Boston y preguntar: «¿Quién es fanático de los Red Sox?». La pregunta de la que hablamos es importante, pero la respuesta resulta tan obvia que la mente la descarta enseguida. Ya te has ocupado de ella. Te has preguntado y respondido. Pero antes de pasar rápidamente a otra cosa, permíteme dejar en claro qué es lo que no estoy preguntando. No te pregunto nada de lo siguiente:

¿Vas a la iglesia?

¿Tus padres o abuelos son cristianos?

¿Alguna vez levantaste la mano durante la invitación posterior al sermón?

¿Repetiste la oración junto con el predicador?

¿Pasaste al frente durante la versión de doce minutos del himno «Tal como soy»?

¿Eres dueño de tres o más Biblias?

¿Has aparecido alguna vez en el directorio telefónico de una iglesia?

¿Creciste asistiendo a campamentos de la iglesia?

¿Tu ringtone es una canción de alabanza?

¿Cuando oras eres capaz de utilizar cinco sinónimos o más de la palabra Dios?

Puedo continuar con más. De verdad, te digo que puedo.

¿Alguna vez has usado «ropa testimonial»?

¿Es la Reina Valera la única versión verdadera de la Biblia?

¿Alguna vez has abandonado el salir en citas?

¿Dónde dice «religión» en tu perfil de Facebook has puesto «seguidor de Cristo»?

¿Has combatido a la película Harry Potter y despotricado en contra de El Señor de los anillos?

¿Has alcanzado una vida con propósito en 40 días o menos?

¿Dices «que Dios la bendiga» antes de hablar mal de alguien?

¿Entiendes frases como «protégenos en el viaje» o «adiestramiento para la batalla»?

El punto que quiero señalar es este: muchos de nosotros somos rápidos para decir «Sí, soy seguidor de Jesús», pero no estoy seguro de que realmente comprendamos lo que estamos diciendo. Citando a Inigo Montoya: «No creo que eso signifique lo que tu crees que significa».[1]

---

[1] Si reconoces esta cita como perteneciente a *The Princess Bride*, entonces anótate un punto extra. Es un favorito entre los cristianos (aunque Kirk Cameron no sea parte de él).

Uno de los pasajes más aleccionadores de las Escrituras nos habla de un día en el que muchos que se consideran seguidores de Jesús se asombrarán al descubrir que él ni siquiera los reconoce. En el Evangelio de Mateo, capítulo 7, Jesús habla de un día en el que todos los que han vivido estarán de pie delante de Dios. En ese día muchos que se llaman cristianos y se identifican como seguidores de Jesús se pararán con confianza delante de él solo para oírle decir: «Jamás los conocí. ¡Aléjense de mí!» Si simplemente supones que eres un seguidor de Jesús, oro para que este libro confirme esa confianza que tienes o para que te convenza de reevaluar tu relación con Jesús y reafirmar tu compromiso de seguirlo.

2. El grupo «¿Por qué tiene mi amigo una calcomanía con un pescadito en la parte trasera de su automóvil?» Si formas parte de este grupo, lo más probable es que no hayas comprado este libro. De hecho, jamás gastarías tu propio dinero en él. Pero alguien que se preocupa por ti, y que probablemente tenga un pescadito en su automóvil, te lo obsequió. Debido a que ha sido un amigo o un pariente, imaginas que al menos podrías leer el primer capítulo para ser amable con él. Y es posible que te hayas salteado la pregunta ¿Eres un seguidor de Jesús? No es que estés en contra de la pregunta ni que te ofenda. Simplemente no te parece importante. Sin embargo, te resulta irrelevante de una manera distinta que a la gente del grupo número uno. No es que ya hayas respondido a este interrogante; es que no te parece que valga la pena contestarlo. No pretendes ser ofensivo; simplemente es que no estás metido en eso.

No te molesta que algunas personas elijan seguir a Jesús. Eso es fantástico, pero no es lo tuyo. Es como cuando un amigo que está muy enganchado con Viaje a las estrellas te dice cosas como: «ta' SoH taH HoD?». (Dicho en Klingon significa «¿crees que Spock debería ser el capitán»).[2] Y a ti no te importa. Si eso es lo que a él le gusta, todo bien. Pero no entiendes dónde está el atractivo.

---

[2] Por favor, noten que yo no lo he traducido personalmente ni hablo una palabra de «Klingon». Tengo un amigo que habla algo de Klingon. Yo lo ridiculizo y me burlo de él, y siempre lo hago en lenguaje real de personas reales.

Pero, ¿y qué si...? Podrías detenerte un momento y preguntarte: ¿Qué pasaría si la totalidad de la vida derivara de esta única pregunta? ¿Qué si realmente hubiera un cielo y un infierno, y el lugar en el que pasarás la eternidad dependiera de esta sola pregunta? Puede parecer completamente ridículo, pero si alguna parte de ti admite por un minuto esta posibilidad, ¿entonces no valdría la pena considerar concienzudamente este interrogante? Al leer este libro espero que al menos contemples la posibilidad de que esta sea la pregunta más importante que jamás hayas respondido. Creo que la razón por la que hemos sido colocados sobre la tierra es para responder a esta única pregunta. Y la verdad es que, lo hagamos consciente e intencionalmente o no, todos respondemos a ella.

Quiero decirte con franqueza que no estoy aquí para «venderte» a Jesús. No voy a tratar de convencerte de que sigas a Jesús presentándote los aspectos más atractivos. Porque este es el punto (y no le digas a la gente del grupo número 1 que yo dije esto): Muchos de los que están allí asumen que son seguidores de Jesús, pero la verdad es que nunca han escuchado la versión sin editar de lo que Jesús enseñó en cuanto a seguirlo.

Me imagino que luego de leer este libro habrá gente del grupo 1 y del grupo 2 que rechazarán la invitación a seguir a Jesús. Después de todo, cuando leemos en los Evangelios acerca de que Jesús invitaba a la gente a seguirlo, notamos que algunas personas se comprometieron con él, pero que la mayoría decidió irse.

Momento para D.L.R.

¿Y dónde comenzamos para definir si realmente somos seguidores de Jesús? ¿Cómo determinar si eso es algo que siquiera deseamos considerar? Comencemos por tener una conversación de D.L.R. con Jesús. Algunos de ustedes ya deben saber que significan las letras D.L.R. Si no están seguros, déjenme darles una pista. Para un joven que tiene una relación romántica, esas letras son suficientes como para meterle miedo en el corazón. Probablemente tema una conversación de D.L.R. De hecho, muchos muchachos la pospondrán, huirán de ella y dilatarán el D.L.R. todo lo que puedan. Hasta he conocido algunos chicos que le pusieron fin a la relación cuando percibieron que la conversación de D.L.R. resultaba inminente.[3]

¿Se imaginan ya lo que significa D.L.R.?

Definir la relación.

Se trata de la conversación oficial que tiene lugar en algún momento de una relación romántica para determinar el nivel de compromiso. El momento en el que uno desea ver cómo están las cosas y descubrir si lo que tiene es algo verdadero.

En la escuela secundaria salí en una primera cita con una muchacha a la que en realidad no conocía muy bien. Nos sentamos ante una mesa en un restaurante y comenzamos con la primera conversación de nuestra cita. Durante el aperitivo, me interioricé de algunos datos acerca de su familia. Mientras comíamos el plato principal, me contó sobre su película favorita. Y luego sucedió. Durante el postre, ella me preguntó, y la cito textualmente: «¿Hacia dónde ves que va esta relación?» En la mismísima primera cita ella intentaba que tuviéramos la conversación para determinar nuestra relación. Cuando salí de allí supe que era la primera cita y la última.

No estaba listo para ese momento. Pero luego llega un tiempo en el que uno necesita definir la relación. Puede ser difícil. Puede resultar incómodo. Pero finalmente cada relación sana llega a un punto en el que hace falta una conversación que defina la relación. ¿Se trata de algo informal o hay compromiso? ¿Las cosas han avanzado más allá de un enamoramiento y una admiración hacia la entrega y una dedicación más profunda? Hace falta evaluar deliberadamente el estado de la relación y el nivel de compromiso con la otra persona.

---

[3] Historia verdadera: Uno de mis amigos fingió una especie de ahogo para escaparse de la conversación de D.L.R. Al decir «uno de mis amigos» me refiero a mí mismo.

Y esto es lo que quiero pedirte que hagas. En tu mente imagina que entras a una cafetería de la localidad. Te provees de algo ligero para comer y una bebida, y luego te diriges a la parte de atrás del salón que se está más vacío y encuentras un asiento ante una pequeña mesa. Bebes un trago y disfrutas de algunos minutos de tranquilidad. Ahora imagina que Jesús entra y se sienta a tu lado. Te das cuenta de que es él por la faja cruzada que trae. No sabes qué decir. En ese momento incómodo tratas de quebrar el silencio pidiéndole que transforme tu bebida en vino. Él te mira del modo en que solía mirar a Pedro. Antes de que tenga oportunidad de responder, tú te das cuenta de pronto de que no has orado por tu comida. Decides recitar tu oración en voz alta, esperando que Jesús quede impresionado. Comienzas bien, pero (lo que es comprensible), te pones nervioso y oras: «Tres cosas te pedimos: amarte más tiernamente, verte con mayor claridad, y seguirte más de cerca día, tras día, tras día». Rápidamente dices «amén» cuando te das cuenta de que estás citando la oración de Ben Stiller en La familia de mi novia.

Antes de que tú conviertas en más incómoda la situación, Jesús ignora tu cháchara y va directo al punto. Te mira a los ojos y dice: «Es tiempo de que definamos esta relación». Quiere saber qué sientes con respecto a él. ¿Es tu relación con Jesús exclusiva? ¿Se trata solo de algo informal de fin de semana o ha avanzado más allá de eso? ¿Cómo se definiría tu relación con él? ¿Exactamente cuál es tu nivel de compromiso?

Sea que te hayas llamado cristiano desde la infancia o que todo esto te resulte nuevo, Jesús quiere definir con claridad el tipo de relación que desea tener contigo. No te va a dorar la píldora ni va a disfrazar las cosas. Te dirá exactamente lo que significa seguirlo. Mientras estás sentado en esa cafetería escuchando a Jesús transmitirte la versión sin editar del tipo de relación que quiere mantener contigo, no puedo evitar el pensamiento de que la respuesta a la pregunta «¿Eres un seguidor de Jesús?» tal vez implique un desafío mayor del que imaginabas.

Parecería que hubiera muchos seguidores de Jesús, pero si ellos fueran sinceros al definir la relación que tienen con él, no estoy seguro de que resultara apropiado describirlos como seguidores. Tengo la impresión de que hay una palabra más adecuada para describirlos. No son seguidores de Jesús. Son fans de Jesús.

Esta es la definición más básica de fan que hace el diccionario:

«Un admirador entusiasta»

Se trata de ese tipo que va a presenciar un partido de fútbol sin camiseta y con el pecho pintado. Se sienta en las gradas y alienta a su equipo. Tiene una camisa autografiada colgada de la pared en su casa y múltiples cartelitos adhesivos en la parte de atrás de su automóvil. Pero nunca se mete en el partido. Nunca suda ni detiene un pelotazo fuerte en medio del campo de juego. Sabe todo acerca de los jugadores y puede recitar de corrido las estadísticas referidas a ellos, pero no conoce en realidad a los jugadores. Grita y alienta, pero no se requiere nada de él. No tiene que hacer sacrificios. Y, por cierto, tan entusiasta como se muestra, si el equipo al que alienta comienza a decepcionarlo y tiene algunas temporadas bajas, y crecerá su enojo. Luego de varias temporadas de perder, es posible que esté totalmente amargado y que decrezca a un mínimo su interés por el equipo. Él es solo un admirador entusiasta.

Como la mujer que nunca se pierde un programa de noticias sobre las celebridades. Siempre compra la última revista People. Es una gran fan de alguna de las actrices que constituyen la última sensación de Hollywood. Y no solo conoce todas las películas en las que esa artista ha actuado, sino que sabe a qué escuela secundaria asistió, cuándo cumpleaños, y el nombre de su primer novio. Hasta conoce el color real de su cabello, algo sobre lo que ni la propia actriz tiene certeza. Sabe todo lo que se puede saber. Pero no conoce a la celebridad. Es una fan empedernida, pero solo eso, una fan. Una admiradora entusiasta.

Y yo creo que Jesús tiene un montón de fans en estos días. Fans que lo alientan cuando las cosas van bien, pero que se alejan cuando llega una temporada difícil. Fans que se sientan confortablemente en las gradas para alentar, pero que no saben nada del sacrificio y sufrimientos del campo de juego. Fans de Jesús que lo saben todo acerca de él, pero sin embargo no lo conocen.

Solo que Jesús nunca ha estado interesado en tener fans. Cuando él define el tipo de relación que desea, «admirador entusiasta» no constituye una de las opciones. Mi preocupación es que muchas de nuestras iglesias en los Estados Unidos se han transformado de santuarios en estadios. Y cada semana todos los fans llegan a ese estadio para alentar a Jesús, pero no tienen interés en seguirlo de verdad. El mayor desafío que enfrenta la iglesia hoy es contar con fans que se llaman cristianos pero que en realidad no están interesados en seguir a Cristo. Quieren acercarse lo suficiente a Jesús como para alcanzar todos los beneficios, pero no tan cerca como para que eso requiera algo de ellos.

Una forma de medición apropiada

Entonces, ¿eres fan o seguidor? El problema al hacerte esa pregunta es que resulta casi imposible ser objetivo. Después de todo, si dices: «Soy un seguidor», ¿en qué se basa tu seguridad? ¿Qué forma de medición usas para definir tu relación con Cristo? La mayoría determinará la respuesta a esta pregunta utilizando algún método de medición altamente subjetivo.

Muchos fans erróneamente se identifican como seguidores utilizando **comparaciones culturales**. Observan el nivel de compromiso de los que los rodean y les parece que su relación con Jesús es sólida. Esencialmente, califican su relación con Jesús por la línea general de comportamiento, y mientras sean más espirituales que el que tienen a su lado, se figuran que todo está bien. Por eso algunos fans casi se alegran cuando se descubre que una familia cristiana a la que todos admiran tiene un hijo que se rebela o que aquel matrimonio que lucha por mantenerse unido y no es tan perfecto como aparenta. El nivel baja un poco.

¿Han notado que cuando nos comparamos con otros a fin de medir nuestra relación con Cristo casi siempre nos contrastamos con aquellos que son anémicos espiritualmente? Yo tengo la tendencia a usar este enfoque al medirme como marido. Trato de convencer a mi esposa de lo bien que le va a ella comparándola a aquella amiga suya cuyo marido nunca la lleva a pasear, o contándole acerca de aquel amigo mío que se olvidó de su aniversario número veinte. He descubierto que cuando comienzo a compararme con otros para medir qué tal soy como marido, lo hago a causa de una convicción de culpa porque en realidad no estoy amando a mi mujer de la manera en que debería hacerlo. Si te descubres midiendo tu relación con Jesús a través de compararte con otros, eso tiene pinta de auto incriminación.

Otra forma de medir que utilizan los fans es la regla religiosa. Señalan su observancia de las reglas y rituales religiosos como una evidencia de que son verdaderos seguidores. Después de todo, razonan, ¿iría un fan a la iglesia todos los fines de semana, pondría dinero en la ofrenda, se ofrecería como voluntario para atender a los bebés, escucharía exclusivamente radios cristianas, no vería películas condicionadas, y solo bebería sangría en las fiestas? ¡Mírenme! Por supuesto que soy un seguidor. ¡No estoy haciendo todo eso por nada!

Tenemos otras formas de determinar si somos seguidores. Las mediciones denominacionales, nuestra herencia familiar, y el conocimiento bíblico son todas maneras en las que tratamos de probar que realmente somos seguidores. Pero esta es la cuestión real: ¿De qué manera define Jesús lo que significa seguirlo? Cualquiera sea la forma de medición que él nos dé, esa es la que debemos usar.

Diagnosticar qué es un fan

Los Evangelios registran muchos ejemplos de personas que tuvieron una conversación con Jesús para determinar la relación. En cada uno de esos encuentros aquellas personas se encontraron en una situación en la que debieron responder la pregunta «¿Fan o seguidor?». Algunos demostraron ser verdaderos seguidores; otros revelaron no ser nada más que admiradores entusiastas. Al examinar una cantidad de estos encuentros, pensemos en ellos como casos de estudio que revelan diferentes «síntomas» de lo que es un fan.

Con cuatro niños en casa, nosotros visitamos constantemente sitios web tratando de encontrar un diagnóstico para cualquier dolencia que esté andando por ahí. Uno de mis sitios web favoritos tiene una función de búsqueda que permite ingresar aquellos síntomas que uno esté experimentando y luego brinda el diagnóstico más probable. Por ejemplo, si uno escribe «nariz que chorrea» y «nauseas», el sitio web informará que es probable que sea una gripe o una alergia alimentaria. Si uno agrega «mareos», entonces se achica el espectro y señala una alergia alimentaria. Si quitamos «mareos» y agregamos «fiebre», entonces el diagnóstico probable sea la gripe H1N1.[4] Cuánto más específicos los síntomas, mayores las probabilidades de obtener un diagnóstico exacto.

Los relatos bíblicos acerca de que Jesús requería que las personas definieran la relación y determinaran con sinceridad si eran verdaderos seguidores, nos proporcionan algunos síntomas reveladores con respecto a los fans. Estudiar estos encuentros con Jesús para definir la relación funcionará como un espejo, de modo que podamos realizar una evaluación sincera de nosotros mismos. Los fans a menudo confunden su admiración con devoción. Confunden su conocimiento de Jesús con intimidad con él. Los fans suponen que sus buenas intenciones compensan una fe apática. Tal vez tú ya has definido que eres un seguidor y no un fan; bien, espero que continúes leyendo, porque uno de los síntomas principales de la «cualidad de fan» es que los fans casi siempre se consideran seguidores.

Así que busca un asiento en un rincón de la cafetería y continúa leyendo. Definamos bíblica y claramente la relación. ¿Eres un seguidor de Jesús? ¿O simplemente eres un fan?

---

[4]Tengo un vecino difícil y me pregunto si no tendrá algo relacionado con una cuestión de salud. Ingresé expresiones como «acné adulto», «irritabilidad», «mal aliento» y «excesivo vello en el cuerpo», pero no he hallado respuestas. Si usted forma parte de la comunidad médica, apreciaría que me transmitiera su experiencia en este sentido.

¿una decisión
o un compromiso?

Juan 3 — Nicodemo

En el capítulo 3 de Juan leemos acerca de un fan llamado Nicodemo. Deberías saber que él no era cualquier fan. Se trataba de un hombre de Dios muy conocido y respetado. Nicodemo era miembro del Sanedrín, un grupo de elite formado por líderes religiosos y líderes de la comunidad. Había sido admirador de Jesús por un buen tiempo. Al escuchar las enseñanzas de Jesús, no pudo evitar el ser inspirado por ellas. Veía a Jesús obrar increíbles milagros, pero no era solo su poder lo que lo impresionaba, sino su compasión y amor.

Nicodemo estaba dispuesto a llevar su relación con Jesús a otro nivel, pero la cosa no era tan fácil. Nunca lo es. Habría mucho que perder si se hacía público que se había convertido en un seguidor de Jesús. ¿Qué pensaría la gente cuando descubriera que Nicodemo era un admirador de ese carpintero devenido en rabí, sin hogar, y procedente de una ignota región llamada Galilea? Por parte baja, perdería su puesto en el Sanedrín y su reputación como líder religioso. Ser un admirador secreto de Jesús no le costaba nada, pero convertirse en su seguidor implicaba un alto costo. Siempre es así.

De modo que Nicodemo se encontraba ante lo que parecía una sorprendente encrucijada. Tendría que elegir entre mantener una relación con Jesús y su religión. Para él no había forma de volverse un verdadero seguidor de Jesús sin perder su religión. Pero esta no sería la última vez en que la religión interfiriera el camino de alguien que seguía a Jesús.

En el capítulo 3 de Juan leemos acerca del momento en que define su relación con Jesús. La historia comienza con la hora del día en que Nicodemo se acercó a Jesús:

Este fue de noche a visitar a Jesús (v. 2).

Sería fácil pasar por alto este detalle y descartarlo como insignificante. Pero preguntémonos: ¿Por qué va a ver a Jesús de noche? Tiene muchas oportunidades de hacerlo durante el día. Jesús enseña en lugares públicos en los que a Nicodemo le resultaría conveniente conversar con él por unos minutos. De hecho, dada su posición como líder religioso, las otras personas rápidamente se apartarían para dejarlo pasar, de modo que Nicodemo lograra acceder al tiempo y a la atención de Jesús. Pero las Escrituras nos dicen que él «fue de noche a visitar a Jesús».

De noche nadie lo vería. De noche evitaría preguntas incómodas de parte de los otros líderes religiosos. De noche podría pasar un tiempo con Jesús sin que nadie lo supiera. Si él pudiera hablar con Jesús de noche, cuando nadie andaba por ahí, tal vez pudiese iniciar una relación con Jesús sin tener que realizar ningún cambio real. Podría seguir a Jesús sin que eso impactara su trabajo. Es más, sus amigos y familia ni siquiera tendrían por qué saberlo. Podría hablar con Jesús de noche y en silencio tomar la decisión de creer en Jesús en su corazón; de esa manera no se vería afectada su vida, cómoda y ya bien establecida. Eso me recuerda a una buena cantidad de fans que conozco. A los fans les gusta seguir a Jesús en tanto eso no les requiera ningún cambio significativo ni tenga implicaciones negativas.

Una realidad está a punto de impactar sobre Nicodemo: No hay manera de seguir a Jesús sin que él interfiera con nuestra vida. Seguir a Jesús nos va a costar algo. Seguir a Jesús siempre cuesta algo. A Nicodemo le va a costar una posición de poder. Le va a costar el respeto de sus compañeros de labor. Le costará su fuente de ingresos y sustento. Le costará perder amistades. Y es probable que le cueste su relación con algunos familiares. Esto nos lleva a una pregunta que les resultaría reveladora a la mayoría de los fans: ¿Seguir a Jesús te ha costado algo? Mi intención no es hacer una pregunta retórica. Tómate un momento y anota qué es lo que te ha costado seguir a Jesús. ¿De qué manera el seguir a Jesús ha interferido con tu vida?

A la mayoría de nosotros no nos importaría que Jesús realizara algunos cambios menores en nuestras vidas; pero Jesús quiere poner nuestras vidas patas arriba. A los fans no les molestaría que él llevara a cabo una pequeña obra de retoque, pero Jesús desea realizar una renovación completa. Los fans llegan a Jesús pensando en una afinación, pero Jesús piensa en una revisión y puesta a punto. Los fans creen que con un poco de maquillaje estarían bien, pero Jesús cree que debe hacerlos de nuevo. Los fans consideran que hace falta decorar un poco, pero Jesús apunta a una completa remodelación. Los fans quieren que Jesús los inspire, pero Jesús quiere interferir con sus vidas.

Nicodemo comienza su conversación con Jesús dejando en claro que él ha decidido creer que Jesús realmente ha venido de parte de Dios. Ha llegado a un punto de fe, ¿pero a dónde irá a partir de allí? Jesús no pierde tiempo, va directo al motivo por el que Nicodemo ha venido a él de noche en lugar de hacerlo en la transparencia del día. Le dice en el versículo 3 que tiene que nacer de nuevo. Escuchar aquello debe resultarle difícil a ese líder religioso. Él ha memorizado los primeros cinco libros de la Biblia desde niño y ha pasado su vida adulta construyéndose un currículum religioso. Pero Jesús le hace ver claramente que sus actos justos y los rituales religiosos no constituyen la vara de medir que él usa. Nicodemo debe humillarse y nacer de nuevo a una forma de vida enteramente distinta.

Nicodemo ha tomado una decisión con respecto a Jesús, pero eso no es lo mismo que seguirlo. Jesús no aceptaría una relación con él en la que Nicodemo se limite solo a creer; Jesús quiere que Nicodemo lo siga. No desea que esté con él solo de noche; lo quiere durante el día también.

PREGUNTA 1: Diagnosticar qué es un fan ¿Has hecho decisión por Jesús o te has comprometido con Jesús?

Existe una diferencia. No debería haberla. Pero la hay. Muchos han tomado la decisión de creer en Jesús sin asumir el compromiso de seguir a Jesús. El evangelio no nos permite hacer tal distinción. Muchos fans han repetido una oración, o levantado la mano, o pasado al frente al finalizar el sermón y han tomado la decisión de creer, pero nunca hubo un compromiso de seguir al Señor. Jesús jamás ofreció una opción como esa. Él busca más que palabras de fe; busca ver que esas palabras se hagan vida en nosotros. Cuando decidimos creer en Jesús sin asumir el compromiso de seguirlo, nos convertimos tan solo en fans.

Imaginemos que vamos a una boda y vemos al novio en ese día mirar a su hermosa novia, y con lágrimas en los ojos hablarle con devoción y decirle: «...renuncio a todas las demás hasta que la muerte nos separe». Nos sentimos conmovidos por sus palabras y por la decisión que ha tomado. Pero imaginemos también que a la semana siguiente se descubre que mientras los recién casados estaban en su luna de miel el novio le ha sido infiel a la novia. De pronto aquellas palabras no tienen ningún valor. Lo han perdido por completo. Concluiríamos que esas palabras que él expresó emocionado y que declaró públicamente significaron muy poco porque no fueron validadas por un compromiso de fidelidad.

Tendemos a definir el acto de creer como la aceptación de que algo es real o verdadero. Pero bíblicamente creer tiene que ver con más que una simple aceptación intelectual, o un reconocimiento sentido; se trata de un compromiso a seguir. Por definición, seguir requiere de más que una idea en la mente, llama a una puesta en acción. Una de las razones por la que nuestras iglesias pueden convertirse en fábricas de fans es que hemos separado el mensaje referido a «creer» del mensaje referido a «seguir». Al separar los dos mensajes, estos quedan fuera de equilibrio.

Cuando leemos los cuatro Evangelios que narran la vida de Cristo, encontramos que Jesús dice «crean en mí» unas cinco veces. Pero, ¿adivinen cuántas veces dice él «síganme»? Alrededor de veinte. No estoy diciendo que seguir sea más importante que creer. Lo que intento decir es que las dos cosas están firmemente conectadas. Constituyen el corazón y los pulmones de la fe. Una cosa no puede existir sin la otra. Si intentamos separar el mensaje referido a seguir del mensaje referido a creer, la fe morirá durante el proceso. Nuestras iglesias continuaran llenas de fans hasta que rompamos con esa dicotomía entre el seguir y el creer. El seguir forma parte del creer. Y creer verdaderamente es seguir.

Muchos de los fans con los que he hablado han estado en la iglesia o en comunidades cristianas en las que se enfatiza constantemente, y aun se refuerza, el creer en Jesús, pero sin que se tenga mucha claridad en cuanto a lo que significa seguir a Jesús.

Aquellos de ustedes que van al gimnasio varias veces por semana, probablemente habrán visto algunas «ratas de gimnasio» que siempre parecen andar por allí. En el gimnasio al que voy generalmente se los ve caminando sin rumbo fijo por el salón de pesas y mirándose al espejo. Pero he notado algo en esos tipos. Tienden a tener desarrollada la mitad superior de sus cuerpos pero no las piernas. Dedican horas a trabajar el pecho, los bíceps y los tríceps, pero a las pantorrillas y a los muslos no les prestan mayor atención. Como resultado, se los ve completamente desbalanceados. Se trata del «efecto Pee Wee - Schwarzenegger». Tienen la parte de arriba de su cuerpo como Schwarzenegger y la parte de abajo como la de Pee Wee.[1]

Es lo que con frecuencia hemos hecho en nuestro enfoque del discipulado. Al enseñarle a la gente lo que significa ser cristiano, dedicamos mucho tiempo y esfuerzo llevándola al punto de creer sin hacer un llamado claro a seguir. Hemos tomado la palabra «creer» y

---

[1] Esta descripción tiene solo un propósito ilustrativo. Cualquier persona de mi gimnasio que se parezca a esta descripción debe saber que es pura coincidencia y que no tiene que tomarlo como algo personal.

la hemos escrito con letras mayúsculas y en negrita: **CREER**. Pero todo lo que tenga que ver con seguir lo hemos colocado en letras minúsculas: seguir.

Tal vez esa sea tu historia. Cuando escuchaste el evangelio, alguien te habló larga y apasionadamente sobre tomar la decisión de creer, pero te dijo muy poco sobre el hecho de que ese compromiso debía necesariamente cambiar la forma en que vives. Yo llamo a eso «venderte a Jesús».

Vender a Jesús

Si estás en el tema de las ventas o tienes en tu entorno a algún buen vendedor sabes exactamente lo que quiero decir. Ellos enfatizan todos los aspectos positivos que imaginan que te gustaría escuchar, y rápidamente pasan por arriba todo aquello que resulta menos atractivo. Las iglesias pueden mostrarse renuentes a echar luz sobre el compromiso por temor a dañar la cantidad de ventas.

Jesús no se retrae de decirle todo a Nicodemo. Seguir a Jesús requiere de un compromiso que le costará mucho. Al considerar lo que significa seguir a Jesús, esto se convierte en todo un tema. De hecho, esto es así a través de todas las Escrituras. Moisés no pudo seguir a Dios sin pararse frente al Faraón. Noé no pudo seguir a Dios sin construir un arca que lo colocaba en ridículo delante de sus vecinos. Daniel no pudo seguir a Dios orando solo a él sin ser arrojado al foso de los leones. Seguir a Jesús no es algo que uno pueda hacer de noche, cuando nadie lo nota. Se trata de un compromiso de veinticuatro horas al día que interfiere con nuestra vida. No se escribe en letras minúsculas, te puedo garantizar.

¿Alguna vez has estado pasando de un canal de TV a otro tarde a la noche y te has encontrado con un molesto y largo aviso publicitario que habla acerca de cómo hacerse rico rápidamente? Un insoportable locutor mira a la cámara y hace preguntas como: ¿Te gustaría ganar más dinero? ¿Cómo sería solo volar en primera clase? ¿Tienes interés en jubilarte pronto? ¿Te gustaría no tener que preocuparte por tus finanzas nunca más? Y entonces te pregunta: ¿Crees que esto es algo que pueda interesarte? Entonces el aspirante a Billy Mays continúa explicando que todo eso está a tu alcance gratis. Ni siquiera tienes que pagar el envío u otros gastos.

¿Cómo responder a eso? ¿Cómo decir que no? No te cuesta nada y te ofrece todo. Y yo me pregunto si algunos predicadores bien intencionados no habrán equivocado su vocación y deberían ser vendedores de esos avisos de medianoche. Porque hay mucha gente que ha escuchado presentaciones del evangelio que son algo así como: ¿Te gustaría vivir para siempre? ¿Te gustaría que se te perdonaran los pecados y pudieras comenzar de nuevo? ¿Quieres pasar la eternidad en el paraíso en lugar de quemarte en el infierno? Y algunos lo extienden aún más allá... ¿Te gustaría llevar una vida próspera? ¿Estás dispuesto a reclamar la salud y las riquezas que Dios tiene reservadas para ti? ¿Crees que esto te puede interesar? Y en tanto que algunas personas ponen los ojos en blanco y cambian de canal, un montón de fans se anotan.

Y encargan un evangelio que no les cuesta nada y les ofrece todo.

Por si acaso alguien haya dejado alguna cosa afuera o se haya olvidado de mencionarla al explicar lo que significa ser cristiano, permíteme ser claro: No hay perdón sin arrepentimiento. No hay salvación sin entrega. No hay vida sin muerte. No hay forma de creer sin comprometerse.

A la iglesia de la que soy pastor alguien envió un e-mail solicitando ser quitado de la membresía de la iglesia. La razón aducida para irse era la siguiente:

No me gustan los sermones de Kyle.

Eso era todo lo que decía. Y requería de algún tipo de explicación, así que decidí llamar a esa persona. Averigüe su nombre y conseguí su número de teléfono. Quería confirmar que no fuera mi esposa. Eso hubiese resultado embarazoso. Mientras conducía mi automóvil lo llamé por mi celular. (Yo sugeriría que cuando realices este tipo de llamadas desde tu celular, primero busques «Configurar» en tu teléfono, luego «mostrar mi identificación de llamadas», y luego la pongas en «desconectado». Pero no intentes hacerlo mientras conduces). Cuando esta persona respondió, simplemente le dije: «Hola. Soy Kyle Idleman. Entiendo que usted se va de la iglesia porque no le gustan mis sermones».

Se produjo un corto silencio. Lo agarré con la guardia baja, tal como lo había planeado. Fue incómodo por un momento, pero luego él comenzó a hablar (a divagar, en realidad) intentando expresar lo que había querido decir. En algún momento en medio de su larga explicación dijo algo. Lo que señaló no tenía la intención de alentarme, pero sus palabras me llevaron a respirar con alivio al punto que me saltaron las lágrimas. Me arrimé al borde del camino, tomé una lapicera y escribí lo que me había dicho.

> Bueno... siempre que escucho uno de sus mensajes siento que usted está tratando de interferir con mi vida.

Sí... este... esa es una especie de descripción de mi tarea. Pero, ¿notan lo que él procuraba señalar? Era como decir: Yo creo en Jesús, soy un gran fan suyo, pero no me pida que lo siga. No me molesta venir a la iglesia los fines de semana. Voy a orar antes de las comidas. Hasta puedo pegar una calcomanía con el pescadito de Jesús en la luneta de mi auto. Pero no quiero que Jesús interfiera con mi vida. Cuando Jesús define la relación que quiere tener con nosotros, él deja en claro que ser un fan que cree sin asumir un verdadero compromiso de seguirlo no es una opción.

Cuando leemos acerca del encuentro de Nicodemo con Jesús en Juan 3, nos preguntamos que es lo que él va a hacer. El silencio parece identificarlo como un fan que ni siquiera puede considerarse un admirador entusiasta, sino un admirador secreto que nunca junta el coraje como para llevar la relación con Jesús de las palabras de fe a una vida de compromiso.

Pero resulta que esto no es lo último que leemos sobre Nicodemo. La siguiente vez que lo encontramos es en Juan 7. La popularidad de Jesús ha crecido inmensamente. A los líderes religiosos los superan los celos y el temor. Leemos que el Sanedrín se reúne para encontrar una razón que les permita silenciar a Jesús. Parte de su rol como líderes religiosos es juzgar a los falsos profetas. Necesitan fomentar algún tipo de acusación o levantar algún cargo que inculpe a Jesús como falso maestro. Nicodemo está sentado entre sus pares mientras ellos conspiran para derribar a Jesús. Él es uno de los setenta y dos líderes religiosos que forman parte de ese cuerpo gobernante. Nicodemo cree que Jesús ha venido de Dios, pero ¿va a decir algo? ¿Su fe se traducirá en algún tipo de compromiso? Estoy seguro que se queda sentado esperando que algún otro diga algo en defensa de Jesús. Seguramente no es el único que cree. Su mente se acelera pensando en lo que va a costarle el hacer pública su convicción. Entonces leemos en el versículo 51 que Nicodemo sale en defensa de Jesús:

Juan 7:51: *«¿Acaso nuestra ley condena a un hombre sin antes escucharlo y averiguar lo que hace?».*

Aunque se queda corto en cuanto a decir lo que cree, arriesga su carrera y su reputación y habla públicamente a favor de Jesús. Ya no se trata de una conversación privada sobre lo que él cree. Permite que lo que cree interfiera con su trabajo, con sus relaciones, y con su futuro económico. En ese momento deja de ser solo un fan, y comienza su travesía como seguidor.

Cuando levanta la voz en defensa de Jesús, leemos en el versículo 52 que el resto del Sanedrín le responde de esta manera:

«¿No eres tú también de Galilea?».

Sé que eso no suena tan duro, pero claramente lo que ellos intentan es avergonzar a Nicodemo por asociarse con Jesús. Galilea es una región insignificante. Nadie se siente orgulloso de pertenecer a ella. Aparentemente hasta tienen este dicho en esos días: «¿Puede algo bueno salir de Galilea?»[2] El Sanedrín se burla de Jesús debido al lugar del que procede, y ahora usan eso mismo para atacar a Nicodemo. Intenta ser un golpe duro dirigido a su ego y una amenaza a su reputación religiosa, que con tanto esfuerzo ha logrado alcanzar. Eso trae de vuelta a la realidad a Nicodemo.

He descubierto que casi siempre hay un momento como ese para todos los creyentes. Se ven colocados en una posición en la que tienen que decidir si ser fans o seguidores.

Cualquier esperanza que tenga Nicodemo de poder seguir a Jesús sin que eso interfiera con su vida cae por tierra con aquella pregunta: ¿No eres tú también de Galilea?

Al final del Evangelio de Juan, aparece otra breve referencia a Nicodemo. En Juan capítulo 19 Jesús ya ha sido crucificado y se prepara su cuerpo para el entierro. Y entonces leemos que Nicodemo llega «con unos treinta y cuatro kilos de una mezcla de mirra y áloe». Ese debe ser un gesto extremadamente caro y costoso. Y no cometamos un error: ese gesto le cuesta bastante más que dinero. Ya no tiene forma de esconder su afecto.

De hecho, cuando la mayoría de los demás abandona a Jesús, o se oculta por temor, Nicodemo lleva a cabo este gran gesto de afecto y devoción. Las cosas han avanzado más allá de las palabras de fe expresadas en la oscuridad de la noche. Ya no es un admirador secreto. Parece que se ha convertido en un seguidor. Esta es la última vez que leemos acerca de Nicodemo en las Escrituras. La tradición cristiana afirma que fue martirizado en algún momento durante el primer siglo.

Si tú has creído en la oscuridad, Jesús ahora te invita a seguirlo en la luz.

---

[2] Similar a nuestro dicho en Kentucky: «¿Puede algo bueno salir de Duke?».

La historia de alguien que no es un fan

Vijay Warrier

Recuerdo cuando mi esposa comenzó a ir a la iglesia. No era algo en lo que yo creyera, ni deseaba tener nada que ver con ello. Estuve de acuerdo en llevarla a la iglesia, pero yo me quedaba en el automóvil mientras fumaba unos cuantos cigarrillos. A veces mis pensamientos volvían a la época en que había crecido en la India y había sido criado según la fe hindú. Mi madre era sacerdotisa de un templo, y como niño creía que los dioses me habían favorecido. Había nacido brahmán, dentro de la casta más elevada de los sacerdotes.

Mi matrimonio fue arreglado, pero Girija, mi esposa, sabía que nuestro matrimonio no era simplemente un acuerdo forzoso establecido por nuestros padres; había química entre nosotros. Yo traté de ser paciente con el interés que ella mostraba por la Biblia. Girija había asistido a una escuela cristiana algunos años atrás, y así fue como había aprendido acerca de Jesús al principio. Nuestras creencias diferentes no ayudaron a nuestra unidad como matrimonio. Recordando los primeros diez años que estuvimos juntos, veo durante ese período mayormente conflicto y frustración.

En el 2005 Girija iba a la iglesia todos los fines de semana. No estoy seguro por qué, pero un fin de semana en lugar de quedarme sentado en el automóvil fumando, decidí entrar a tomar una taza de café. Había una pequeña cafetería en la iglesia, y allí estaba yo, sentado con mi taza de café; y no pude evitar escuchar el sermón que se transmitía desde el templo a la pantalla de video que tenía frente a mí. Escuché al predicador por un rato, intrigado por sus palabras. Desde ese momento en adelante, me instalé en la cafetería todos los domingos a la mañana, bebiendo café y escuchando los sermones.

Una de las semanas Girija me pidió que fuera con ella a un cuarto de oración. «Tenemos tantos problemas», me dijo. «Necesitamos que alguien ore con nosotros». Aunque yo no creía en ese tipo de oración, fui con ella. En el cuarto de oración nos encontramos con una pareja, marido y mujer, llamados Linn y Carol, y ellos dedicaron un tiempo a orar por nosotros.

Lleno de interrogantes luego de haber oído tantos sermones, comencé a preguntarle a Linn acerca del cristianismo. Durante el año que siguió, él y Carol respondieron a muchas de mis preguntas. Linn estudiaba la Biblia conmigo y oraba por mí con frecuencia. Con todo, no podía adaptarme a la idea de un solo dios. Eso iba en contra de todo lo que había aprendido como niño. Y lo que era peor, sabía que si me hacía cristiano mi familia en India me desconocería. Se sentirían muy decepcionados de mí.

Pero luego de mucho estudio, oración y apoyo de los miembros de la iglesia, comencé a darme cuenta de algo increíble. Durante cuarenta y dos años había estado buscando algo o a alguien. Esa persona era Jesús. Decidí permitirle obrar en mí. Lo necesitaba. Mi matrimonio lo necesitaba; ya se habían redactado los papeles de divorcio y habíamos comenzado a vivir separados. Era ahora o nunca, y yo sabía que solo Jesús podría salvarme.

Así que al siguiente domingo profesé mi fe en Cristo y fui bautizado. Inmediatamente después de bautizarme, bauticé a mis dos hijos, que también habían elegido creer. Ese mismo día me mudé de nuevo con mi familia. Dios tiene un plan para mí y él puede sanar todas las heridas y responder todas las preguntas. Mi nombre es Vijay Warrier, y no soy un fan.

¿conocimiento de él o intimidad con él?

Lucas 7

Cuando estuve predicando en el Sur de California había un actor de telenovela de la tira diaria General Hospital[1] que asistía a nuestra iglesia. Su nombre era Réal Andrews. Venía a la iglesia todos los fines de semana y realmente crecía como cristiano. En una ocasión se acercó para pedirme que fuera a un «día de los fans» de General Hospital que se aproximaba. Me explicó que quería tener una hora del evangelio para sus fans. Aunque yo no estoy familiarizado con las telenovelas (a menos que Saved by the Bell se tome en cuenta) y tiendo a evitar aquellos encuentros a los que se denomina «Hora del Evangelio», le dije que podía contar conmigo.

Para el día de los fans de General Hospital alquiló un gran salón en un hotel de Hollywood y me hizo predicarles a esos fans de la telenovela que habían llegado de todo el país. Era algo surrealista, por decir poco. Llegué allí y me encontré con cientos de fans de Réal. Para mí él era simplemente un amigo de la iglesia. Pero para aquellos fans, se trataba de la increíble estrella de una legendaria telenovela. Cuando entré estaban llevando a cabo un juego de preguntas y respuestas en el que los fans competían para demostrar quién sabía más sobre Réal Andrews. Y lo sabían todo. Con certeza conocían mucho más que yo. Sabían dónde había nacido, a qué escuela secundaria había concurrido, la edad de sus hijos; y hasta sus alergias a ciertas

---

[1] Para aquellos a los que les importe, él era el detective Marcus Taggert.

comidas. Así que me senté allí, un poco sorprendido y un poco extrañado por todo aquello. Me impresionaba el hecho de que esos fans parecían conocerlo mejor que yo.

Pero si uno lo piensa un poco, eso no era exacto en realidad. Aquellos fans no conocían de verdad a Réal. Solo sabían acerca de él. Conocían los hechos y el juego, pero yo conocía cuál era su recorrido con Cristo. Sabían en cuántos episodios había participado y podían señalar las diferentes luchas por las que su personaje había atravesado en el programa, pero yo conocía al personaje fuera de cámara. Sabía que Réal era una persona real y era su amigo. Los fans solo conocían cosas referidas a Réal.

En la Biblia leemos acerca de un grupo de líderes religiosos conocidos como los fariseos. Los fariseos conocían mucho acerca de Dios. Si alguien hubiera querido realizar juegos de preguntas y respuestas referidos a Dios o a la Biblia, seguramente ellos hubieran dominado la escena.[2] Lo sabían todo sobre Dios, pero descubrimos que no lo conocían en verdad.

En Mateo 15:8, Jesús describe a los fariseos de esta manera:

Este pueblo me honra con los labios, pero su corazón está lejos de mí.

Esa descripción parece caberle a la mayoría de los fans que conozco. Como los fariseos, muchos fans se han dado al estudio de Dios con su mente, pero nunca le han entregado su corazón. Aquellos eran hombres con mucho conocimiento acerca de Dios, pero en realidad no conocían a Dios. Eso es lo que generalmente divide a los fans de los seguidores. Es la diferencia entre conocimiento e intimidad.

Según Lucas 7, Jesús había sido invitado a comer por uno de aquellos fariseos. Su nombre era Simón. Es probable que Simón le hubiera extendido la invitación luego de que Jesús terminara de enseñar. Aparentemente, eso fue antes de que se hiciese costumbre el comer a la canasta después del sermón. Para Simón, tener al rabí visitante a comer significaba algo así como un mérito religioso. A Jesús se lo consideraba el invitado de honor en esa comida, pero muy pronto se hizo evidente que Simón pasaba tiempo con Jesús más por un sentido de deber que por el deseo de honrarlo.

Había ciertas reglas de etiqueta en una comida como esa. Por ejemplo, el saludo acostumbrado para un invitado de honor hubiera sido un beso. Si el invitado fuera una persona del mismo rango social, entonces el anfitrión lo saludaría con un beso en la mejilla. Si se tratara de una persona de un honor especialmente alto, el anfitrión lo saludaría con un beso en la mano. Descuidar el beso de bienvenida era equivalente a ignorar abiertamente a alguien. Sería como negarse reconocer de alguna manera la presencia de alguien que entra en nuestra casa. No decirle hola, no estrecharle la mano, ni siquiera saludarlo con la cabeza, arqueando las cejas. Nada.

Otro aspecto de la etiqueta del primer siglo en el Medio Oriente tenía que ver con el lavado de los pies. El lavado de pies era obligatorio antes de la comidas. Si de verdad uno deseaba honrar a un huésped, lo realizaría uno mismo. Si no, haría que algún siervo le lavara los pies al invitado honorable. O por lo menos, le daría el agua para que se lavara los pies él mismo.

A un huésped al que se quisiera distinguir en especial uno hasta podría ofrecerle algo de aceite de oliva para ungir su cabeza. Se trataba de un aceite económico, pero aún así se consideraba ese gesto como muy hospitalario. Pero cuando Jesús llegó a la casa de Simón no hubo beso de bienvenida. No hubo lavado de pies. No hubo aceite para su cabeza. Y no se trataba de cosas que se les hubieran pasado por alto accidentalmente. Fueron absolutamente deliberadas. A Jesús se lo ignoró e insultó.

No perdamos la ironía de este momento. Simón había pasado su vida estudiando las Escrituras. Para cuando cumplió los 12 años ya había memorizado los primeros 12 libros de la Biblia. Cuando tenía 15, ya sabía de memoria todo el Antiguo Testamento. Había guardado en su memoria las más de 300 profecías referidas a la venida del Mesías. Sin embargo no se daba cuenta de que era el Mesías el que estaba sentado a su mesa sin que se le hubiera besado la mano, sin que le hubieran lavado los pies, y sin que se le hubiera ungido la cabeza. Él sabía todo con respecto a Jesús, pero no conocía a Jesús.

Diagnosticar qué es un fan

PREGUNTA 2: ¿Simplemente sabes acerca de Jesús, o realmente lo conoces?

Los fans tienen la tendencia a confundir conocimiento con intimidad. No reconocen la diferencia entre saber acerca de Jesús y conocerlo verdaderamente. En la iglesia a menudo lo hemos confundido también. Hemos establecido sistemas de aprendizaje que resultan en un conocimiento académico, pero no necesariamente esto nos guía intimar con Jesús.

Pensémoslo: Nos encanta realizar estudios bíblicos, muchos de los cuales incluyen algún tipo de cuadernillo de tareas. Nos guiamos por un programa de estudios que con frecuencia incluye tareas para el hogar. Los sermones vienen muchas veces acompañados por un bosquejo en el que los miembros pueden tomar notas y completar espacios. Muchos predicadores se refieren a sus sermones como lecciones o charlas. Si creciste en la iglesia, entonces probablemente hayas asistido a la escuela dominical, en la que tuviste un maestro. En el verano posiblemente hayas concurrido a la escuela bíblica de vacaciones. Tal vez hasta hayas competido en concursos bíblicos, en los cuales habrás ganado o perdido según el conocimiento bíblico que hayas acumulado y de lo rápido que hayas podido levantar la mano o apretar el botón.

No me malinterpreten, estudiar y aprender de la palabra de Dios es algo invalorable. Jesús hizo referencia a todo tipo de pasajes del Antiguo Testamento, los leyó y los citó; eso constituye una prueba amplia de que había estudiado la palabra de Dios con gran cuidado y diligencia. El problema no es el conocimiento. El problema es que uno puede llegar a tener conocimiento sin alcanzar intimidad. De hecho, el conocimiento puede ser un indicador falso de intimidad. Resulta claro que donde hay intimidad habrá un creciente conocimiento, pero con demasiada frecuencia hay conocimiento sin que se dé un crecimiento de la intimidad. Parte de la prueba de que tengo una relación íntima con mi esposa es lo mucho que sé de ella. Sé qué clase de champú usa. Que clase de sushi pide. Sé lo que la hace reír y lo que la hace llorar.[3] Así que el conocimiento forma parte de la intimidad, pero solo porque hay conocimiento no significa que exista intimidad.

Al igual que el fariseo de Lucas 7, y al igual que muchos fans de hoy, yo pasé una cantidad de años confundiendo mi conocimiento acerca de Jesús con mi intimidad con él. Por ejemplo, hasta donde puedo recordar, he memorizado los 66 libros de la Biblia en orden. No solo eso, sino que puedo mencionar los libros de la Biblia de una vez. No pretendas que no te he impresionado. Así que aquí va mi versión del recitado de los libros de la Biblia. Sé que no es exactamente igual, pero si uno contiene la respiración y los lee en voz alta sin respirar, puede llegar a darse cuenta del logro espiritual que eso significa.

Respira profundamente. Aquí vamos:

> Génesis, Éxodo, Levítico, Números, Deuteronomio, Josué, Jueces, Ruth, 1 y 2 Samuel, 1 y 2 Reyes, 1 y 2 Crónicas, Esdras, Nehemías, Ester, Job, Salmos, Proverbios, Eclesiastés, Cantar de los Cantares, Isaías, Jeremías, Lamentaciones, Ezequiel, Daniel, Oséas, Joel, Amós, Abdías, Jonás, Miqueas, Nahum, Habacuc, Sofonías, Hageo, Zacarías, Malaquías, Mateo, Marcos, Lucas, Juan, Hechos, Romanos, 1 y 2 Corintios, Gálatas, Efesios, Filipenses, Colosenses, 1 y 2 Tesalonicenses, 1 y 2 Timoteo, Tito, Filemón, Hebreos, Santiago, 1 y 2 Pedro, 1, 2, y 3 Juan, Judas y Apocalípsis.

¿Lo lograste? La verdad es que a Jesús no le importa si yo puedo hacerlo. No le impresiona mi conocimiento ni mi talento. Admito que

---

[3] Resulta sorprendente, pero no sé cuál es el color natural de su cabello. Eso está en la lista de preguntas que le voy a hacer a Dios un día. Va justo después de: «Si tú creaste todas las cosas, ¿quién te creó a ti?».

casi desearía que le impresionara. Creo que sería buenísimo que nos lo consideraran el Día del Juicio. Que Jesús nos reuniera a todos y dijera: Bien, así es como va a funcionar: Todos aquellos que puedan mencionar los libro de la Biblia en una sola respiración, colóquense de este lado. Y si no pueden hacerlo (les daré dos chances), bajen por estos escalones. Y cuando les parezca que ya han ido muy lejos, sigan andando. Estoy seguro de no es así como serán las cosas, aunque espero que eso mejore mi puntaje. Pero la verdad es que por mucho tiempo me consideré un seguidor de Cristo por lo que sabía.

Nací en un hogar cristiano y raramente me perdía las reuniones de la iglesia los fines de semana. Desde antes de lo que puedo recordar, era capaz de recitar el Padrenuestro, Juan 3:16 y el Salmo 23. Cuando tenía unos cinco años me puse furioso porque mi mamá me hacía llevar una corbata a la iglesia. Ella trataba de entender por qué yo estaba tan enojado, y a través de las lágrimas le expliqué: «¡Si me pongo una corbata querrán hacerme predicar!». A la edad de trece años me sentía presionado a usar un corte de pelo peinado en un estilo que mi padre había perfeccionado. Regularmente vestía las últimas prendas que aparecían con «leyendas de testimonio». Mi colección era impresionante: El gimnasio de Dios; Jesús, la cosa más real; Esa sangre fue derramada por ti... ¡Las tenía todas! Cuando estaba en el primer ciclo de secundaria hasta colgué un cuadro de Jesús en mi pared, junto al poster de Michael Jordan. De algún modo eso constituía un ejemplo visual de cómo definía mi relación con Jesús en ese tiempo. Yo era un fan de Jesús, así como era fan de Michael. Había memorizado la información y las estadísticas sobre él, pero no lo conocía.

Si me hubieras confrontado con el hecho de que yo era solo un fan de Jesús y no un seguidor completamente comprometido, me hubiera defendido y hubiera intentado desafiarte a un «espadeo bíblico». Ahí se ve quién puede encontrar una referencia de las Escrituras con mayor rapidez.[4] Yo siempre resaltaba mis impresionantes antecedentes cuando participaba de una «competencia de citas», que es similar

---

[4] Si no hubieras sabido esto, yo te hubiera dominado.

a una «competencia de baile», pero se realiza citando versículos bíblicos. Creo que podría decir que Ben Stiller es a las competencias de baile lo que yo soy a las competencias de citas. Al crecer, hubiera señalado las tradiciones religiosas que guardaba y el código moral que observaba como evidencias de que era un seguidor de Jesús. Y te hubiera cansado hablándote sobre el hecho de que no bebo. Te hubiera hecho saber que nunca dije una mala palabra (al menos no tan alto como para ser oído). De hecho, mis amigos y yo éramos seguidores tan comprometidos, que inventamos malas palabras cristianas.

Si me hubieran dado un empujoncito, hubiera hablado del Premio al Liderazgo Espiritual que gané en un campamento cristiano de básquetbol. Podría haber sacado la cinta que gané por salir segundo como acampante de la semana en un campamento de la iglesia. También hubiera explicado que me habían robado el primer lugar porque el muchacho que lo obtuvo era el hijo del director del campamento, o, como me gusta llamarlo, un tramposo con suerte. En lugar de describir una relación en la que verdaderamente conociera a Jesús, te hubiera contado todo lo que sabía acerca de Jesús. Pero cuando hay conocimiento sin intimidad, uno, solo es un fan.

Yada, Yada, Yada

Probablemente la mejor palabra bíblica para hablar de intimidad es «conocer». Pero ese conocer es mucho más profundo que el conocimiento. La Biblia usa por primera vez esta palabra para describir una relación en Génesis 4:1:

Conoció Adán a su mujer Eva (RV1960).

El término hebreo usado aquí por «conocer» es la palabra *yada'*. Esta es la mejor manera de definir la palabra *yada'*:

Conocer completamente y ser completamente conocido.

Pero la NVI traduce la palabra un poco diferente, porque coloca en contexto lo que está sucediendo allí. Así que probablemente tu Biblia diga en Génesis 4:1:

> El hombre se unió a su mujer Eva...

¿Captas el cuadro? Ese es nuestro contexto hoy para yada'. Ahora, no te sonrías y pases de largo. No se trata simplemente de un momento de «yada, yada, yada», ¿de acuerdo? Este es un momento YADA' entre un marido y su mujer. Existe una conexión íntima a todo nivel. Conocer y ser conocido completamente. Es una imagen hermosa que nos ayuda a entender lo que realmente significa conocer a Cristo. Existen otras palabras hebreas que podrían haber sido utilizadas para describir la intimidad sexual. Esas palabras referidas al sexo se usan más adelante en las Escrituras y tienen que ver con el acto físico o a la procreación. Pero la palabra de Génesis 4 es yada', el término hebreo para «conocer». Resulta claro que cuando la Biblia utiliza esa palabra referida a «conocer», significa mucho más que un conocimiento. Describe la más íntima de las conexiones. Un erudito hebreo define la palabra de esta manera: «Un fundirse de las almas». Es más que conocimiento, es intimidad.

De modo que ahora comprenden que esta palabra traducida como «conocer» se usa para describir que un hombre y una mujer intiman el uno con el otro. Ellos yada' [se conocen] el uno al otro. Con eso en mente, quiero hablarles sobre cómo desea Dios conocernos y ser conocido por nosotros. Lo que estoy por decirles les va a parecer un poco extraño a algunos de ustedes, un poco raro. Me doy cuenta. Podemos obviar un poco esto que nos causa extrañeza, pero al menos deseo transmitirles algunos datos introductorios.[5]

Al rastrear la utilización de yada' a través del Antiguo Testamento, descubrimos vez tras vez que se trata de la misma palabra usada para

---

[5] La advertencia puede resultar innecesaria, pero en la escuela media yo fui sorprendido negativamente por la clase de educación sexual. Al parecer, mi mamá y mi papá me habían dado alguna información por adelantado. Algo como: «Oye, hijo, estate atento, porque hoy tu asqueroso maestro de matemáticas te dará el susto de tu vida cuando te explique de dónde vienen los bebés».

describir la relación de Dios con nosotros. Una y otra vez la palabra yada' es la que se usa para definir de qué manera Dios desea ser conocido por ti. De hecho, esa es la manera en que él te conoce. En el Salmo 139, David usa esta palabra media docena de veces para describir el modo en que Dios nos conoce:

> Señor, tú me examinas, tú me conoces. Sabes cuándo me siento y cuándo me levanto; aun a la distancia me lees el pensamiento.
> (Salmo 139:1-4)

¡Pensemos en esto! La misma palabra, la misma conexión utilizada para describir a un marido y su mujer se usa para describir la forma en que Dios nos conoce y la manera en que desea ser conocido por nosotros. Eso cambió completamente la forma en que yo definía mi relación con Jesús. Comencé a ver lo que él deseaba de mí como seguidor. En lugar de identificarme como seguidor de Jesús porque conocía todo sobre Jesús, comprendí que era un seguidor porque conocía a Jesús.

En Lucas 7, el fariseo lo sabía todo sobre Jesús, pero no conocía a Jesús. Su corazón estaba lejos de él. No sabía que el rabí visitante que se sentaba a su mesa era el Mesías prometido acerca del que había pasado incontables horas estudiando. Lucas nos dice que mientras Jesús comía en la casa del fariseo entró en escena una mujer. Probablemente estuvieran comiendo en un área externa, como un patio, donde la gente podía verlos y hasta escuchar las conversaciones. Pero la situación comenzó a volverse incómoda cuando esa mujer que no había sido invitada se acercó a la mesa en la que comían. Para comprender mejor la tensión de aquel momento, necesitamos entender que esa no era una mujer más. El versículo 37 nos dice que ella era una «pecadora». Más específicamente, que era una prostituta conocida en el pueblo. Aparentemente, ella, había escuchado a Jesús enseñar, tal vez más temprano ese día, y algo había sucedido en su corazón.

¿Sobre qué habría enseñado Jesús que había provocado tal impacto? ¿Sobre el perdón? Quizás ella se había sentado a escuchar a Jesús con los ojos llenos de lágrimas al darse cuenta de que Dios la amaba y deseaba perdonarla. ¿O sobre la redención? Tal vez mientras Jesús hablaba ella descubrió que Dios podía volver a armar su rota y destrozada vida. Pero puede ser que no fuera lo que Jesús enseñaba. Quizá hubiera sido la manera en que la miró. Sus ojos le transmitieron una sensación de ser valorada y apreciada. No era simplemente una «pecadora» para él; era una hija amada. Y tal vez cuando Jesús acabó de enseñar ella supo que Dios la amaba y que no había perdido las esperanzas con respecto a ella, aunque todos los demás la hubieran perdido. Y debe haber susurrado algo así, como para ella misma: Tal vez no sea demasiado tarde para mí. Tal vez alguien como yo pueda seguirlo a él.

Estaba desesperada por volver a ver a Jesús y escuchó a alguien decir que él iba a comer a la casa de Simón el fariseo (comida a la que ella nunca sería invitada ni en un millón de años). Por supuesto, normalmente ella no hubiera tenido interés en asistir. Había sentido la mirada condenatoria de los fariseos por demasiado tiempo, lo que la llevaba a mantenerse alejada de lugares como la casa de Simón. Pero tenía que ver a Jesús. Es difícil imaginar lo que le habrá costado a ella entrar a aquel patio. Pero se concentró tanto en Jesús que se olvidó de sí misma. Estaba desesperada por expresar amor y el afecto que sentía por él. Lo que hizo a continuación fue temerario, impulsivo, inapropiado; y esa es la especie de seguidores que Jesús desea.

Imaginemos la escena. Jesús está reclinado ante la mesa. En lugar de usar sillas, todos se recuestan apoyando el codo sobre un almohadón. Los pies quedan alejados de la mesa. Esta mujer se aproxima y se para ante los pies sucios de Jesús. Los que están a la mesa hacen silencio. Todos miran. Todos saben quién es. ¿Qué está haciendo allí? Ella mira a su alrededor, a los invitados. Siente sobre sí esa mirada condenatoria que le es tan familiar. Algunos mantienen los ojos bajos, avergonzados por su presencia y por lo incómodo del momento. Pero cuando ella mira a Jesús, él parece saber lo que ha sucedido en su corazón. Le brinda una cálida sonrisa. Parece encantado de que haya venido, y la observa con los ojos de un padre amoroso que ve a su hermosa hija entrar en el lugar. Nunca antes un hombre la ha mirado de esa manera. Ella queda tan desarmada por aquello que le brotan lágrimas, unas pocas al principio, y luego muchas más. Cae al piso y comienza a besar sus pies. Muy pronto las lágrimas corren por su rostro. Empiezan a gotear sobre los pies sucios de Jesús. Al ver los surcos barrosos de pronto se da cuenta de que los pies de él no han sido lavados. No puede pedir una toalla, así que se suelta el cabello. En aquellos días las mujeres siempre usaban el cabello recogido en público. Para una mujer, soltarse el cabello delante de un hombre que no era su esposo constituía una expresión de intimidad tal que literalmente se consideraba causal de divorcio. Se suelta el cabello delante de Jesús y se percibe una exclamación ahogada, aunque audible. Ella comienza a lavar los pies de Jesús con sus lágrimas y a secarlos con sus cabellos.

Entonces dice Lucas que ella tenía un frasco de alabastro lleno de perfume. Probablemente el autor hace referencia a un frasquito que a menudo las mujeres llevaban al cuello para perfumarse. Podemos imaginar que, debido a su profesión, ese frasquito era muy importante. Ella lo habría usado en muchas, muchas ocasiones, vertiendo una gota por vez, para estar con muchos hombres. Pero ahora lo vacía. Vacía la totalidad del contenido. No lo va a necesitar más. Vierte ese frasco, su vida, sobre los pies de Jesús, y se los besa una y otra vez. Al final de la historia, Jesús le dice a Simón:

> ¿Ves a esta mujer? Cuando entré en tu casa, no me diste agua para los pies, pero ella me ha bañado los pies en lágrimas y me los ha secado con sus cabellos. Tú no me besaste, pero ella, desde que entré, no ha dejado de besarme los pies. Tú no me ungiste la cabeza con aceite, pero ella me ungió los pies con perfume.
>
> *Lucas 7:44-46*

Finalmente, el líder religioso, con todo su conocimiento, resulta ser el fan, y la prostituta que expresó de una manera íntima su amor por Jesús, demuestra ser la seguidora. Aquí, de nuevo, aparece la pregunta que tú y yo debemos hacernos:

¿A que personaje de esta historia me parezco más?

¿Cuándo fue la última vez que pasaste un momento con Jesús semejante al que pasó esta mujer de Lucas 7? ¿Cuándo fue la última vez que te derramaste delante de él? ¿Cuándo fue la última vez que rodaron lágrimas por tu rostro mientras le expresabas tu amor? ¿Cuándo fue la última vez que le demostraste tu amor abandonándote a él de un modo temerario?

No te pregunto si sabes acerca de él, te pregunto si lo conoces.

La historia de alguien que no es un fan

Dr. Rich Edwards

El 10 de febrero de 2006, yo estaba en control de mi vida y me gustaba el rumbo que llevaban las cosas. Ejercía la quiropráctica, en la que me iba muy bien, tenía dos hijos y una esposa devota. El 11 de febrero, todo cambió. Yo me dirigía a una cabaña que tenía en una zona de caza en la que planeaba encontrarme con amigos para cazar jabalíes. Al ir conduciendo por la ruta podía apreciar los efectos de la importante sequía que veníamos experimentando. Todo se veía seco y muerto.

Cuando llegué al camino que conducía a la cabaña ya estaba oscuro. Al girar para tomarlo, me salí del camino y acabé dentro de unas espesas malezas de un metro y medio de alto. Intenté liberar mi camión poniendo en primera y luego en marcha atrás varias veces. La fricción, de alguna manera, encendió las malezas. En pocos segundos, el camión era una gran antorcha. Intenté asir la manija de la puerta para escapar, pero el sistema eléctrico se había quemado y yo quedé encerrado adentro. Unos segundos después explotaron las ventanillas. No sé con certeza que sucedió luego, y no tengo idea de cómo conseguí salir del camión. Lo siguiente que recuerdo es marchar por el camino hacia la cabaña, diciéndome a mí mismo una y otra vez: «No te detengas. Sigue andando».

Cuando llegué a la cabaña, mis amigos pensaron que yo llevaba puesto algún tipo de ropa de caza especial, pero no se trataba de un camuflaje. Era mi piel, hecha hilachas y carbonizada. Un helicóptero médico me llevó hasta una unidad de quemados donde me dijeron que no me quedaría mucho del rostro y que probablemente perdiera la vista y el uso de mis manos.

Dios le puso un alto a mi vida. Yo estaba demasiado ocupado en ser exitoso; iba tan rápido por la pista, que aunque Dios formaba parte de mi vida, no era la parte más importante. No estaba en el trono de mi corazón ni en el centro de mi universo. Yo era el centro. Yo no creo que Dios originó el fuego, pero creo que Dios lo permitió porque quería lograr mi atención. Como un padre que intenta que su hijo lo escuche, Dios me tomó de los hombros, me sentó y me dijo: «Quiero que me escuches». Ese fue el comienzo de un despertar espiritual en mi vida.

Durante los años que siguieron, los médicos me amputaron siete dedos. No podía usar lo que quedaba de mis manos ni siquiera para las tareas más simples. Pero los médicos dijeron que no podían hacer nada más. Allí fue cuando mi esposa Cindy preguntó con respecto a la posibilidad de un transplante de manos. Entonces comenzó un tiempo de espera, de estudios y de oración. Pasamos incontables horas leyendo la Biblia y orando juntos. Finalmente el día del doble transplante de manos llegó. A veinte cirujanos y tres anestesistas les llevó diecisiete horas y media colocarme las nuevas manos.

Mucha gente ha señalado que fue un milagro que no muriera en medio del fuego ese día. Es verdad, pero en un sentido muy real yo morí en ese incendio. El hombre que yo era murió ese día, y Dios me dio una nueva vida en la que ya no estoy en el control sino que le he pasado los controles a él, ya no estoy a cargo de mi vida, sino que he sometido todo a Jesús. En aquellos días, mi esposa y yo orábamos constantemente para ser usados por Dios de un modo que le trajera gloria a él. Puede sonar loco, pero yo elegiría pasar por todo este dolor y sufrimiento y también por todos estos desafíos. También prefiero tener la relación con Jesús que tengo ahora, antes que continuar por el sendero por el que iba sin esa relación. Mi nombre es Rich Edwards, y no soy un fan.

¿uno de tantos
o el único e incomparable?

Lucas 14

En el capítulo catorce del Evangelio de Lucas, Jesús tiene otra
conversación para determinar la relación, pero en esta ocasión no se
trata de un encuentro entre dos personas en medio de las sombras
de la noche, ni sentados alrededor de una mesa para comer. En esta
ocasión Jesús habla ante una muchedumbre. A esa altura de la vida de
Jesús ya había corrido la voz acerca de que él era un increíble maestro
que hacía caminar a los paralíticos, ver a los ciegos y que convertía
las procesiones fúnebres en reuniones familiares. La gente acudía de
todas partes y llenaba las laderas de las montañas para oírlo. Imagino
que esas escenas realmente creaban una atmósfera similar a la de un
estadio lleno de fans delirantes.

Por un tiempo Jesús parece sentirse bien con las grandes multitudes,
con el hecho de que la gente se acerque para ser inspirada por sus
enseñanzas. No parece molestarle que vengan a presenciar milagros.
Sin duda muchos de ellos aparecen con sus palomitas de maíz,
listos para el comienzo del entretenimiento. Jesús le da la bienvenida
a la gente curiosa que desea saber más acerca de este rabí poco
convencional. Pero llega el momento en el que desea hablar sobre la
relación. Traza una línea en la arena y quiere saber dónde está parada
aquella gente. En última instancia, lo que más le preocupa a Jesús no
es el tamaño de la multitud, sino el nivel de su compromiso.

¿Esas personas simplemente han venido a presenciar milagros y
sanidades? ¿Solo desean escuchar a un orador que los motive?

Estamos a punto de descubrirlo, porque esa multitud se va a dividir en dos grupos: los fans y los seguidores.

> Grandes multitudes seguían a Jesús, y él se volvió y les dijo: «Si alguno viene a mí y no sacrifica el amor a su padre y a su madre, a su esposa y a sus hijos, a sus hermanos y a sus hermanas, y aun a su propia vida, no puede ser mi discípulo» (Lucas 14:25-26).

Eso no parece mostrar una gran sensibilidad hacia el que busca. Uno podría pensar que el texto diría:

> Una gran multitud seguía a Jesús. Él se volvió y les dijo: «¡Qué multitud maravillosa! Deseo que cada uno de ustedes vaya a invitar a un amigo y regrese esta noche para una feria de atracciones. Tendremos música en vivo. Todos los panes y peces que puedan comer. Y hasta un stand en el que se convierta el 'agua en vino'. Es posible que también tengamos un stand para arrojar tiros al cesto. Y aquel que invite a la mayor cantidad de amigos obtendrá un milagro gratis. ¡Llenemos la ladera del monte!»

En lugar de eso, Jesús le dice a la gente que aquellos que desean seguirlo deben aborrecer a su familia y hasta la propia vida.

¿Hacer qué?

¿De dónde ha salido eso? Estoy seguro de que ya a esas alturas, algunos de los fans empiezan a empacar sus cosas para irse a casa. Fue divertido mientas duró, pero lo que aparece ahora no es aquello por lo cual se han acercado.

Algunos maestros han intentado suavizar esas palabras de Jesús diciendo que solo iban dirigidas a unos pocos selectos que habían sido escogidos específicamente para representarlo. En otras palabras, que Jesús solo les estaba hablando a los estudiantes de seminario y a los ministros a tiempo completo. Todos pueden respirar profundo. Fue un llamado cercano, pero él no te estaba hablando a ti. Sin embargo el texto menciona «grandes multitudes». Y cuando Jesús le hablaba a las «grandes multitudes», no se dirigía en particular a ningún segmento específico. De hecho, la palabra que aquí se traduce como multitud simplemente significa «un grupo grande de personas no identificadas». No estaba individualizando a un grupo específico. ¿Notaron la palabra que Jesús utilizó en el versículo 26? Él dijo: «Si alguno...» Es una palabra bastante inclusiva. Jesús no estaba estableciendo los requerimientos de entrada para los doce discípulos. No estaba hablando ante una clase de seminario. No se dirigía a un grupo de pastores y misioneros. Jesús no tenía un juego de sermones para predicar en la convención nacional de pastores y otro juego de sermones para predicar a los que lo buscaban en la ladera de aquella colina. Lo que Jesús dijo era para cualquiera que quisiera seguirlo.

Así que la pregunta importante es esta: ¿El seguir a Jesús realmente significa que tienes que aborrecer a tu abuelita?[1]

Obviamente, aborrecer a la propia familia sería contradecir las demás enseñanzas de Jesús. Entonces, ¿por qué un lenguaje tan fuerte? Tal vez Jesús usara un lenguaje así de dramático debido a que en esa cultura si alguien se convirtiera en un seguidor suyo sin el consentimiento de la familia, se habría pensado de él que la aborrecía. La decisión de seguir a Jesús habría sido interpretada como volverle la espalda a la familia y alejarse de ella. Algunos de ustedes lo comprenden.

Una estudiante universitaria me detuvo luego de un servicio de la iglesia y me dijo con lágrimas en los ojos que había entregado su vida a Jesús. Luego de que yo le expresé entusiasmo por la decisión que había tomado, me dijo que deseaba ser bautizada. Supuse que ella planeaba bautizarse en algún momento en el futuro. Le dije que esperaba ansioso poder celebrar ese acontecimiento con ella. La chica habló de nuevo, pero en ese momento había un sentido de mucha urgencia en el tono de su voz. Dijo: «Usted no comprende. Quiero ser bautizada ahora mismo».

Pocos minutos después estábamos detrás del escenario, nos preparábamos para entrar en el agua y ella me pareció un poco

---

[1] Si no hubieras sabido esto, yo te hubiera dominado.

nerviosa. Procurando ayudarla a sentirse más segura, le pregunté: «¿No tienes familiares o amigos allí afuera que te ayuden a sentirte más animada?» Dijo que no y luego agregó: «Mis padres no van a sentirse felices por esto». Miró el suelo y respiró hondo. Caminó hasta donde yo estaba y se metió al agua. Los fans no harían algo así. Los fans no están dispuestos a seguir a Jesús si implica decepcionar a su familia. Si la relación con Jesús comienza a dañar su relación con otros, consideran que eso es pedir demasiado.

Jesús fue sincero con la multitud con respecto a lo que les podía costar la decisión de seguirlo. Les hizo saber que podría causar que sus padres o abuelos se ofendieran. Podría significar ser dejados fuera del testamento y hasta cortados de la familia. He hablado con personas que pospusieron la decisión de seguir a Jesús porque no querían herir los sentimientos de sus padres. Más de una persona me ha dicho que cuando su abuelo o su abuela muera se hará cristiana. Ha decidido esperar porque no desea darle un disgusto.

Y tal vez tú, sentado en medio de la multitud, sientes como si Jesús te estuviera hablando directamente. Sabes que tu papá no lo aprobará. Pondrá los ojos en blanco y murmurará algo acerca de que te has dejado llevar. Tu hermano o tu hermana no sabrá que hacer con respecto a tu decisión de seguir a Cristo y puede ser que se distancie de ti. Tu novio o tu novia podría muy bien romper contigo. Puedes oír cómo se reirán de ti tus amigos, a tus espaldas, por haber tenido un encuentro con la religión. Hay bastantes probabilidades de que tu marido se burle o de que tu esposa te critique. Y Jesús te dice: «Sí, eso puede formar parte de la cosa. Y si tú no estás dispuesto a elegirme por encima de tu familia, entonces no estás listo para seguirme, y probablemente sea tiempo de que te vuelvas a casa».

A la palabra aborrecer se la define como «que a uno le disguste algo intensamente» o «tener sentimientos intensamente hostiles». Resulta claro que Dios no quiere que «aborrezcamos» a nuestra familia en ese sentido. Violaría todo lo demás que la Biblia enseña sobre el tema. Jesús mismo dijo que uno de los dos grandes mandamientos era:

«Amarás a tu prójimo como a ti mismo». Nuestras familias constituyen el prójimo más cercano que tenemos. La New Living Translation, en inglés, dice:

> Si ustedes quieren ser mis discípulos, deben aborrecer a todas las demás personas por comparación: su padre y madre, esposa e hijos, hermanos y hermanas... (Lucas 14:26).

Esta versión utiliza la palabra «aborrecer». La versión Dios habla hoy dice: «Si... no me ama más que a...». La comprensión más exacta de lo que Jesús requiere de sus seguidores es una combinación de estas dos traducciones. Jesús transmite más bien la idea de «si no me ama más que a». Pero «aborrecer» es exacto, porque capta el grado en que amamos más a Jesús. Imagina que los diferentes amores de tu vida compitieran en una carrera por ver quién gana el primer lugar, que Jesús, tu cónyuge, tus hijos, uno de tus mejores amigos, y un hermano se colocaran en la línea de largada. La idea no es que Jesús salga primero en esa carrera. Lo que Jesús describe aquí se comprende mucho mejor imaginando una carrera por lograr el primer lugar en tu vida siendo él el único en la pista. Jesús no dice tan solo: «Quiero tener el primer lugar en tu vida». Lo que dice es: «Ni siquiera deseo que haya un segundo lugar». Cuando comparamos nuestra relación con él con la que tenemos con cualquier otro, no debería haber competencia alguna. Los fans intentan hacer de Jesús uno entre muchos. Algunos fans hasta lo convertirían en el primero de muchos. Pero cuando Jesús define la relación lo deja bien en claro: él desea ser el único e incomparable.

Diagnosticar qué es ser fan:

PREGUNTA 3: ¿Es Jesús uno de tantos o es el único e incomparable?

Permítanme llevarlos de nuevo a la charla para definir la relación que alguna vez tuvieron con alguien que les resultó especial. Si somos casados, probablemente lo mejor sería imaginarla a partir de nuestro esposo o esposa. Supongamos que mientras definimos la relación y determinamos el nivel de compromiso, dejamos en claro cuál es nuestra postura. Estamos completamente jugados. Decimos: Te doy mi corazón y no deseo otra cosa que pasar el resto de mi vida contigo. Ahora imaginemos que ese otro, que significa tanto para nosotros, dice algo así: Yo también te amo. Estoy dispuesto a comprometerme contigo por el resto de mi vida. Avancemos al próximo nivel. Solo quiero poner una condición: todavía deseo poder salir con otras personas.

En esencia eso es lo que un fan le dice a Jesús. Le dice: Te amo. Estoy comprometido contigo. Pero que esto no sea algo exclusivo. O imaginemos que luego de tener la conversación para definir la relación, alguien lleva la fotografía de su novia en la billetera. Tan pronto como la abre, la foto es lo primero que se ve. Cuado ella abre la billetera y ve su fotografía piensa que eso es encantador. Pero imaginemos que detrás de su foto estuvieran las de las últimas tres o cuatro chicas con las que ha salido. Eso va a crear un problema. Para ella no es suficiente ser la primera; querrá ser «la única». Jesús deja en claro que no va a compartir nuestro afecto. Seguirlo requiere que le entreguemos todo el corazón.

Quisiera hacerte algunas preguntas que revelarán si Jesús es uno de tantos o el único e incomparable. No son preguntas retóricas. Tómate el tiempo de responderlas. Consigue una lapicera y escribe las respuestas en el espacio que hay debajo de cada pregunta. La manera en que respondas a esas preguntas mostrará qué es lo que compite con Jesús por lograr tu afecto.

1. ¿Ante qué sacrificas tu dinero? La Biblia dice: «Donde esté tu tesoro, allí estará también tu corazón». Aquello en lo que inviertes tu tiempo y dinero a menudo revela cuál es el verdadero deseo de tu corazón y muestra a quién o qué estás siguiendo en realidad. La razón por la que Jesús habló más acerca de dinero que sobre cualquier otro tema es porque fácilmente el dinero puede convertirse en su principal competidor. Nuestra vida acaba siguiendo al dinero y a las cosas que el dinero puede comprar en lugar de seguir a Jesús.

Muchos de nosotros sacrificamos nuestro tiempo y dinero para conseguir cosas porque pensamos que esa es la manera en la que encontraremos satisfacción. Para muchos la satisfacción viene etiquetada con un precio. Si tuvieran el suficiente dinero la encargarían por Internet o la comprarían en la tienda. Pero Jesús desea ser nuestra satisfacción. Él se describió a sí mismo como el agua viva que sacia nuestra sed para siempre. El dinero se convierte en un sustituto de Dios porque nos promete hacer lo que el Señor desea hacer por nosotros.

En Mateo 6:24 Jesús dice: «Nadie puede servir a dos señores, pues menospreciará a uno y amará al otro, o querrá mucho a uno y despreciará al otro. No se puede servir a la vez a Dios y a las riquezas». No podemos seguir al dinero y a Jesús. Esos senderos van en diferentes direcciones y tenemos que elegir uno de ellos.

Como pastor me ha tocado brindar algo de consejo financiero a través de los años, y he notado que los fans tienen ciertos patrones comunes al hablar acerca de sus finanzas. Un fan preguntará: «¿Cuánto es lo máximo que puedo gastar en mi casa?» Pero cuando se trata de dar, pregunta: «¿Dios espera que yo le dé los diezmos teniendo en cuenta mis ingresos netos, o el ingreso bruto?». En otras palabras: «¿Cuál es lo máximo que puedo gastar en mi casa, y lo mínimo que puedo darle a Dios?». La manera en que gastamos nuestro dinero cuenta una historia acerca de lo que más nos importa.

Algunos años atrás, mi esposa y yo nos sentamos a conversar teniendo una meta por delante. Deseábamos asegurarnos de que los cheques más importantes que emitiéramos cada mes fueran para la obra de Dios. Consideramos nuestras finanzas y tratamos de descubrir qué cambios necesitábamos realizar para que nuestra ofrenda a Dios fuera mayor que el pago por nuestra casa. Queríamos tener la certeza de que nuestras finanzas reflejaran que nada era tan importante como seguir a Jesús. Es muy probable que tu cuenta bancaria proporcione la mejor evidencia en cuanto a si eres un fan o un seguidor.

2. Cuando te hieren, ¿a dónde acudes en busca de consuelo?

Cuando experimentas los sufrimientos de esta vida, ¿a qué recurres? Tal vez a uno de tus padres o a tu cónyuge. Tal vez a tu refrigeradora. ¿No será por eso que se llama reconfortante a la comida?[2] ¿Te entierras en el trabajo? Todas esas cosas tienen el potencial como para competir con Jesús por nuestra devoción y afecto. En verdad no hay nada de malo en encontrar consuelo en la familia y los amigos; eso forma parte del diseño de Dios. Pero la cuestión es: «¿Ocupan ellos el lugar de Jesús?».

He descubierto que cuando alguien atraviesa por un tiempo difícil o una circunstancia dolorosa, se ve claramente a quién o qué está siguiendo. Cuando nuestra primera respuesta ante el sufrimiento es volvernos a alguien o a algo que no sea Jesús, eso puede revelar que nuestros afectos están divididos y que seguimos a algún otro, o a alguna otra cosa, y no a Jesús.

Imaginemos que una madre visita la escuela a la que asiste su hijo, que está en jardín de infantes. La madre se ha sentido un poco amenazada debido a que su hijo ama a su nueva maestra y habla sobre ella constantemente. Durante el recreo se para al lado de la maestra y analizan juntas el progreso del niño. Su pequeño, que se está balanceando colgado de unas barras, se cae y se golpea fuerte. Se levanta llorando y corre hacia su madre y hacia la maestra. Ahora bien, el niñito ama a su maestra, pero cuando se acerca a ellas, ¿a quién se dirigirá en busca de consuelo? No necesita detenerse a pensar;

---

[2] Yo encuentro que descongelar una pizza, seguida por un helado Oreo resulta en extremo reconfortante. Como el cálido abrazo de una madre.

corre a los brazos de su mamá. El dolor que ha experimentado crea un momento de sinceridad en el que se revela el verdadero afecto.

¿Cuándo fue la última vez en que experimentaste alguno de los dolores y sufrimientos de esta vida? Perdiste tu trabajo, acabó alguna relación, los resultados de ciertos exámenes no fueron los que esperabas. Cuando experimentaste el sufrimiento, ¿a quién o qué te volviste? La respuesta a esta pregunta revela cuál es la verdadera devoción de tu corazón.

3. ¿Qué es lo que más te decepciona o frustra? Sentirnos desbordados por la decepción con frecuencia revela que hay algo que se ha vuelto demasiado importante. Puede tratarse de algo significativo como la pérdida de un trabajo, o algo tan insignificante como perder un juego de pelota. Cuando descubrimos que esas cosas tienen el poder de determinar quiénes somos y la clase de día que tendremos, muy bien pueden estar evidenciando que alguna cosa se ha vuelto más importante de lo que debería. Por supuesto, un cierto nivel de desencanto y frustración puede ser natural. Pero si descubres que estás excesivamente decepcionado, o frustrado por demás, eso constituye un indicador de que algo está compitiendo por el afecto que debería pertenecerle solo a Cristo.

Imaginemos un muchachito entusiasmado porque su padre lo ha llevado a pescar. A medida que va pasando el día, no hay pique y no capturan peces. Cuanto más tiempo pasa, más frustrado y decepcionado se siente el padre. En el camino a casa se mantiene en silencio, pero resulta obvio que está molesto. ¿No es esa una clara indicación de que la parte más importante del día para el padre no fue pasar un tiempo con su hijo sino capturar peces?

¿Alcanzas a ver que una decepción exagerada y una frustración constante pueden revelar cuál es la verdadera pasión de un corazón? Tal vez necesites ayuda para responder a esta pregunta con objetividad. Pregúntale a un amigo cercano o a un miembro de tu familia que cree que es lo que te desanima o frustra. Si te da repuestas como una casa desordenada, un equipo que pierde, o una baja en la bolsa de valores, eso puede revelar que hay algo fuera de orden.

4. ¿Qué es lo que realmente te entusiasma?Hace poco estaba mirando por televisión un partido de fútbol de un equipo universitario, cuando mi hija de doce años se acercó y me dijo: «Nunca te he visto tan entusiasmado». Ella me ha visto bautizar nuevos creyentes. Ha visto mi reacción ante el nacimiento de su hermanito. Me ha visto llevarla a dar paseos de padre e hija. Pero nunca me había visto tan entusiasmado como cuando miraba un partido de fútbol. ¡Ay!
Al igual que las cosas que nos decepcionan, las cosas que nos entusiasman pueden señalar hacia algo o alguien que intenta competir con Jesús. Pueden ser los deportes, la decoración, la música, el trabajo o nuestra apariencia. Todas esas cosas están bien y son buenas, pero tienen el potencial de adueñarse de nuestro corazón, que debería pertenecerle enteramente a Dios.

Seguir a Jesús implica seguirlo solo a él. Los fans no desean colocar a Jesús en el trono de su corazón. En lugar de eso, mantienen un sofá para ellos dentro de su corazón, y cuando mucho le permiten a Jesús usar un almohadón. Le piden que comparta el espacio. Pero Jesús dejó en claro ante aquella multitud que no estaba interesado en compartir sus corazones.

Permítanme decirlo de otro modo: Jesús no nos va a compartir con otro amante. Esa analogía puede resultar algo cruda o exagerada, pero es coherente desde el punto de vista bíblico en cuanto a describir el modo en que Dios se siente con respecto a que nuestro afecto esté dividido. El profeta Ezequiel describe lo que es para Dios que compartamos nuestro afecto, atención y lealtad con cualquier otro o con cualquier otra cosa. Es como tener una aventura. En Ezequiel capítulo 16 esto es lo que Dios le dice a su pueblo, que ha estado adorando a falsos dioses:

> Tú diste tus regalos a todos tus amantes...

Algunos de ustedes han experimentado el sufrimiento que produce la infidelidad. Descubrieron que la persona que había hecho el voto de entregarles su vida ha estado durmiendo con otro u otra. El marido o la mujer ha compartido esos momentos de intimidad con otro. Si tú has experimentado esas heridas causadas por la traición, entonces sabes que es difícil imaginar un sentimiento peor que ese. Y cuando Dios es uno de muchos, en lugar de ser el único e incomparable, se describe a sí mismo como un amante traicionado.

De modo que en Lucas 14 Jesús define la relación haciendo claro que si decidimos seguirlo, debemos seguirlo solamente a él. No nos compartirá con el dinero, ni con una carrera, y ni siquiera con nuestra familia. Tal vez al leer un pasaje como este nos parece que Dios es un poco posesivo y celoso. Pero tenemos que entender esto: cuando Jesús explica que él no va a compartir su afecto o devoción, no se refiere solo a la manera en que desea ser amado por nosotros; está dejando muy en claro la forma en que él nos ama.

Imaginémoslo de esta manera (y esto es estrictamente ficción): supongamos que esta semana tú entras a un restaurante y me ves sentado a una mesa compartiendo una cena a la luz de las velas con una mujer que no es mi esposa. Te acercas y me confrontas: «¿Quién es esta mujer y qué estás haciendo?».

Yo te respondo: «No te preocupes. Tengo una cita con esta bella dama esta noche, pero mi esposa sabe que ella siempre es la primera». Tú te alejas indignado y furioso. Decides que alguien debería decírselo a mi esposa, así que la llamas y le das la noticia.

Cuando yo regreso a casa después de mi cita, ¿cuál crees que será su reacción? Imaginas que mi esposa sale a mi encuentro en la puerta y me dice: «Hola, querido, ¿te divertiste en tu cita?» Luego se acerca y me da un gran beso mientras declara: «No me importa que veas a otras personas en tanto que yo sea la más importante para ti».

¡Eso nunca sucederá! Tan pronto como entre por la puerta después de mi cita, deberé temer por mi vida. Si mi esposa escuchara que he estado comiendo en McDonald's con un hombre que parecía una mujer, estaría en problemas.[3] ¿Por qué? Porque ella me ama. Su negativa a compartir mi afecto no la sindica como insegura y posesiva; por el contrario, prueba que es devota y amorosa.

Y Jesús lo deja bien en claro: si vas a seguirlo, él tiene que ser el único e incomparable. Estarás tan comprometido con él que por comparación, aborrecerás a todos los demás.

No puedo dejar de preguntarme como habrán reaccionado los discípulos a una enseñanza como esta de Lucas 14. Quizá se mostraron muy molestos con Jesús por enseñar cosas así. Hablamos de algo capaz de matar la dinámica. Un sermón en el que el punto principal es «aborrece a tu madre» tiene la virtud de alejar a la gente. Eso no es precisamente algo que agrade a la multitud. Los discípulos se deben haber horrorizado cuando Jesús comenzó con uno de esos sermones, sabiendo que perderían influencia sobre la gente.

Por otro lado, tal vez a los discípulos no les haya importado tanto. Lo habían dejado todo para seguir a Jesús, y estoy seguro de que se habían dado cuenta de que esa era la única manera en que podría funcionar. Tratar de seguir a Jesús parte del tiempo o solo con una parte del corazón es imposible. La relación que él desea contigo requiere de todo tu corazón. Y los fans deberían saber que esos términos son innegociables. Así que antes de que digas: «Quiero ser un seguidor», asegúrate de comprender lo que te va a costar.

Jesús continúa enseñando a la multitud en Lucas 14. Y parece dar una explicación del por qué enseña de un modo tan directo y franco:

---

[3] Esto no forma parte de lo que estamos imaginando. Yo de verdad comí una vez con un tipo que parecía una chica y mi esposa me cuestionó.

Supongamos que alguno de ustedes quiere construir una torre. ¿Acaso no se sienta primero a calcular el costo, para ver si tiene suficiente dinero para terminarla? Si echa los cimientos y no puede terminarla, todos los que la vean comenzarán a burlarse de él, y dirán: «Este hombre ya no pudo terminar lo que comenzó a construir» (Lucas 14:28-30).

Jesús no se disculpa por lo fuerte de sus palabras. Desea que la gente tenga claridad sobre aquello a lo que se está suscribiendo.

Muchos fans han respondido a un mensaje del evangelio destinado a parecer lo más fácil y atractivo posible. Así que, como si fueran un nuevo propietario que ha firmado sobre la línea de puntos para comprar la casa sin dinero de anticipo y con el pago de intereses solo durante un año, ellos quedan un poco sacudidos al descubrir los términos que en realidad Jesús ha estipulado. Pero no se trata de la letra chica de su mensaje. Constituye el punto principal.

John Oros fue un líder de la iglesia en Rumania durante la era comunista. Cuando habló ante El Seminario Bíblico Menonita Asociado, explicó cómo había resultado eso:

Durante el comunismo, muchos de nosotros predicábamos... y la gente venía al finalizar el servicio a decirnos: «He decidido hacerme cristiano». Nosotros les respondíamos: «Es bueno que desees ser cristiano, pero nos gustaría decirte que hay un precio que pagar. ¿Por qué no reconsideras lo que deseas hacer, ya que muchas cosas pueden acontecerte. Puedes perder, y puedes perder en grande?».

John mencionó que un alto porcentaje de ellos elegían participar de una clase de tres meses para comprender mejor la decisión que iban a tomar. John señala:

Al finalizar ese período, muchos participantes declaraban su deseo de ser bautizados. Generalmente yo les respondía así: «En verdad es bueno que desees convertirte en cristiano, pero cuando des tu testimonio, habrá informantes que anotarán tu nombre. Mañana comenzarán los problemas. Calcula el costo. El cristianismo no es fácil. No es barato. Tú puedes ser degradado. Puedes perder tu trabajo. Puedes perder a tus amigos. Puedes perder a tus vecinos. Puedes perder a tus hijos. Y hasta puedes perder la propia vida».

Quería que la gente llegara al punto en el que seguir a Jesús fuera tan importante que si lo perdieran todo, sin embargo aún valdría la pena.

Eso es completamente diferente de la invitación a la que muchos de nosotros hemos respondido. Al final del sermón el predicador dijo algo como: Quiero que todos inclinen sus cabezas y cierren los ojos. Si quieres convertirte en cristiano, solo levanta tu mano... Veo una mano... Veo una mano...» Pero Jesús deja en claro que es necesario evaluar el costo.

Si el seguir a Jesús te costara todo, ¿igualmente valdría la pena?

La historia de alguien que no es un fan

Carolyn Day

Crecí en Carolina del Norte, y aunque creía en Dios, en realidad no tenía ningún tipo de relación con Jesús. Siendo estudiante, pronto me interesé en el campo de la medicina y comencé a trabajar teniendo como meta el convertirme en médica. En el año 2000 estudiaba para ser cirujana, cuando mi mundo comenzó a desmoronarse. El que era mi marido en ese tiempo me pidió el divorcio, y dos días después, mi madre cometió suicidio. Durante el año siguiente llevé una doble vida. En el trabajo era una residente de cirugía, pero el resto del tiempo bebía más de la cuenta y contemplaba la posibilidad de mi propio suicidio. No tenía idea de qué hacer o a quién acudir. Lo que pronto tuve en claro fue que no podía llevar esas cargas yo sola. Apenas si había visitado la iglesia ocasionalmente mientras crecía, pero me encontré orando. Dije: «Dios, si estás allí, quita algo de este peso de encima mío». Sentí que lo había perdido todo. Y Dios era todo lo que me quedaba; pero no estaba segura de que fuera suficiente.

Luego de acabar mi residencia y de casarme, mi marido y yo nos mudamos al área de Louisville para comenzar allí mi carrera como cirujana. Algunos amigos nos invitaron a asistir a la iglesia, y nosotros aceptamos. Al ir a la iglesia todos los fines de semana, me encontré orando cada vez más. Comencé a orar acerca de si entregarme enteramente a Dios o no.

Cinco días después de haber comenzado a orar, Kyle hizo una invitación a aquellos que estaban dispuestos a rendirle todo a Jesús y seguirlo. La siguiente semana fui bautizada. Me resultaba incómodo, pero constituía un signo claro de obediencia a la que Dios me llamaba.

Para ser sincera, no esperaba sentirme tan diferente como me siento. Nunca comprendía a la gente que decía que había nacido de nuevo o había sido salva. Creo que no es algo que uno pueda entender realmente hasta que pasa por ello. La sanidad que he experimentado desde que entregué mi vida a Cristo es increíble. Creo que es porque solo el Gran Médico podía sanar las heridas de esta cirujana. Y lo ha hecho.

Mi nombre es Carolyn Day, y no soy una fan.

¿seguir a Jesús o seguir las reglas?

Mateo 23

¿Recuerdan la historia de Matt Emmons? Estuvo a un paso de alzarse con la victoria en las Olimpiadas de 2004. Competía en la prueba de rifles de tres posiciones a 50 metros. Ni siquiera necesitaba dar en el centro del blanco para ganar. Solo era preciso que su tiro final diera dentro del blanco. Normalmente, el disparo que él realizó hubiera recibido una calificación de 8.1, más que suficiente para alcanzar una medalla de oro. Pero, en lo que se describió como «un error extremadamente raro dentro de las competencias de elite», Emmons disparó hacia un blanco equivocado. Parado en la pista dos, disparó al blanco de la pista tres. Su anotación por ese buen tiro dirigido al blanco equivocado fue de 0. En lugar de obtener una medalla, Emmons terminó en el octavo lugar.

Eso es un cuadro de lo que les sucede a muchos fans. Si les preguntaras, «¿eres un fan o un seguidor?», con toda confianza responderían «un seguidor». No es una cuestión que tenga que ver con su esfuerzo o deseo. Se están esforzando por seguir. Pero he aquí el problema: no es a Jesús a quien están siguiendo. Sin darse cuenta, apuntan al blanco equivocado. En lugar de seguir a Jesús, siguen las reglas y rituales religiosos. Se han confundido de blanco.

En Mateo 23, Jesús intenta atraer la atención de un grupo de fans conocidos como los líderes religiosos. Si en tiempos de Jesús uno hubiera intentado determinar quiénes eran los fans y quiénes los seguidores, es muy probable que esos líderes religiosos, al hacer una identificación rápida, hubieran pasado por seguidores. Tenían un excelente manejo de las Escrituras y eran considerados teólogos expertos. Eran conocidos en especial por su estricta observancia de la ley. Hubieran recibido notas altas por su manera de guardar las reglas religiosas, pero ese no era el blanco al que apuntaba Jesús. Seguir las reglas los mantenía enfocados en lo externo, y Jesús le prestaba atención a lo que ellos eran en su interior. Y el problema de esos líderes religiosos radicaba en que, al igual que muchos fans, lo que mostraban externamente no se condecía con lo que había adentro. En este capítulo Jesús predica uno de sus últimos sermones sobre la tierra y va dirigido a esos líderes religiosos. No se guarda nada. Si creciste pensando en Jesús como el Sr. Rogers de Nazaret, siempre sonriente, guiñándole un ojo a la gente, y vestido con un chaleco tejido, puede ser que el tono que Jesús usa con estos líderes religiosos te sorprenda. El nombre del sermón que vamos a considerar no es «¿Te gustaría ser mi prójimo?» A este sermón tradicionalmente se lo conoce como «Los siete ay».

La palabra «ay» es una onomatopeya, una palabra en la que la definición proviene de su sonido. La palabra «ay» es tanto una expresión de dolor como de maldición. Siete veces en su sermón Jesús dice «¡Ay de ustedes!...» Cada «ay» va seguido de un reproche mordaz. No se trata de una advertencia de parte de Jesús. Él no está amonestando a los líderes religiosos. No les ofrece consejos ni recomendaciones. Jesús va a enfrentar firmemente a esos líderes religiosos porque no desea que la gente confunda seguir las reglas con seguirlo a él. Sus acusaciones en contra de ellos deberían servirles de advertencia a aquellos fans que se consideran seguidores debido a que guardan las regulaciones religiosas y muestran una credencial de cristianos.

El club de los fans

Esos líderes espirituales a los que Jesús dirigió sus palabras en Mateo 23 conformaban un cuerpo de gobierno religioso de 72 hombres, llamado el Sanedrín. Dentro del Sanedrín había dos grupos diferentes, conocidos como los saduceos y los fariseos. Esos dos grupos no se llevaban bien. Al interpretar las Escrituras, los saduceos era muy liberales y los fariseos muy conservadores. Los saduceos desempeñaban el rol de sacerdotes principales y de ancianos. Ser un saduceo, significaba haber nacido para ocupar esos puestos. Por supuesto, había también otros requisitos, pero aquello formaba parte de su herencia. En cambio integrar el grupo de los fariseos no dependía de la familia en la que uno había nacido; tenía que ver con un trabajo esforzado. Convertirse en fariseo requería de una cantidad increíble de estudio textual y de capacitación teológica. Y yo he notado que muchos fans encajan perfectamente en uno de esos dos campos.

Algunos fans son como los saduceos. Su fe es algo dentro de lo cual han nacido. En realidad nunca fue algo que hubieran elegido. Tal vez cuando naciste tus padres te entregaron una máscara, y tú creciste actuando como lo hacen los cristianos, hablando como los cristianos, escuchando la música que los cristianos escuchan; pero nunca has entrado en una relación de amor con Jesús.

> Tu fe siempre ha tenido que ver más bien con honrar tu herencia que con rendir tu corazón.

Por otro lado, algunos fans son como los fariseos. Miden su fe por su trabajo esforzado en cuanto a aprender y seguir la ley. Su conocimiento intelectual y una conducta en conformidad con ello constituyen el blanco al que apuntan. Pero aún cuando digan lo correcto y hagan lo correcto, eso no refleja lo que en realidad son. Uno puede decir lo correcto y hacer lo correcto, sin que eso resulte suficiente para Jesús. Él quiere tenernos por completo.

Estaba esperando junto a una góndola del supermercado cuando la tapa de la revista People captó mi atención. Tenía una fotografía del famoso jugador de tenis Andre Agassi. Durante años había sido uno de los principales jugadores del mundo. Se volvió profesional a los dieciséis años y ganó ocho Grand Slams en el período de veinte años que duró su carrera. El título decía: «Mi vida secreta». Tomé la revista y comencé a leer. El artículo se refería a su nueva autobiografía titulada Open. Me entero que a él en realidad no le gustaba el tenis. Nunca le gustó. De hecho, lo odiaba durante su infancia y adolescencia y también durante la mayor parte de su carrera existió este sentimiento.

Escribió: «Mi papá había decidido desde antes que yo naciera que
sería el jugador número uno del mundo». En el artículo describe
una sesión de práctica a la edad de siete años: «Siento como si el
brazo se me fuera a salir. Pregunto: "¿Cuánto tiempo más, papi?" No
hay respuesta alguna. Se me ocurre una idea. Accidentalmente a
propósito, doy un golpe que lanza la pelota por encima de la cerca.
La tomo con el borde de la raqueta, así que suena como si hubiera
fallado. Mi padre ve la pelota salir de la cancha y maldice. Sale de
allí pisando fuerte. Tengo cuatro minutos y medio para recobrar el
aliento». Tal vez la frase más reveladora de ese artículo sea aquella
en la que Agassi declara: «Nunca elegí esta vida». Mirando desde
afuera nadie podría decir que su corazón no estaba allí. Puso en ella
incontables horas de práctica. Luchó por ganar los campeonatos. Era
realmente bueno en lo que hacía. Pero usaba una máscara. Porque
nunca había elegido aquello; nunca había sido lo suyo. Como resultado
no lo había realizado con amor.

Y eso describe a muchos fans que conozco. Se ven muy bien. Han
aprendido el papel de memoria. Saben qué decir, y qué no decir.
Pueden hacer oraciones y cantar las canciones. Pero nunca lo
eligieron. Simplemente lo han recibido. O hacen toda la mímica y llevan
a cabo una actuación impresionante, pero no es algo real. No han
puesto el corazón en ello.

Diagnosticar qué es ser fan:

PREGUNTA 4: ¿Estás más enfocado en lo exterior que en lo interior?

El principal problema que Jesús enfrentaba tenía que ver con que
aquellos líderes religiosos eran hipócritas. No lo estoy adivinando,
así los llamó él. Se los dijo en la propia cara. Ocho veces. La palabra
hipócrita viene del antiguo teatro clásico griego. Los actores griegos
eran llamados hipócritas. A menudo, un solo actor representaba
diferentes personajes, y para cada personaje utilizaba una máscara
distinta. Así que cuando cambiaba de personaje, intercambiaba
la máscara. Imaginen un programa de televisión como The Brady

Bunch representado en un teatro griego. Y que una persona asumiera todos los diferentes papeles. El actor usaría una máscara cuando representara a Jan y otra cuando interpretara a Marcia. Para cada personaje utilizaría una máscara distinta, y nunca veríamos el verdadero rostro del actor. Él permanecería siempre detrás de una de esas máscaras. Del mismo modo, los fans quedan atrapados por lo que la gente ve por fuera, pero solo se trata de una máscara. Lo que la gente percibe no refleja lo que ellos son en realidad. Jesús lo dice en el versículo 5:

> Todo lo hacen para que la gente los vea.

Como hipócrita en recuperación, puedo decirles que es casi imposible identificar a algunos fans porque llevan a cabo actuaciones dignas de un Oscar cuando representan el rol de seguidor. Jesús da comienzo a su sermón de Mateo 23, hablándole a la gente acerca de los líderes religiosos, mientras estos escuchan:

> Después de esto, Jesús dijo a la gente y a sus discípulos: «Los maestros de la ley y los fariseos tienen la responsabilidad de interpretar a Moisés. Así que ustedes deben obedecerlos y hacer todo lo que les digan» (vv. 1-3a).

Me pregunto si Jesús habrá hecho una pausa aquí. Los fariseos deben haber pensado: «Muy bien, esto está mejor. Finalmente se pone de nuestro lado. Nos está señalando como la autoridad». Pero Jesús continúa diciendo:

> Pero no hagan lo que hacen ellos, porque no practican lo que predican. (v. 3b).

Jesús detectaba un problema en esos maestros: lo que ellos enseñaban no reflejaba lo que realmente eran.

Esos estereotipos religiosos constituían los fans con los que Jesús tenía más problemas. Fans que al entrar en un restaurante inclinan sus cabezas para orar antes de comer solo por si alguien los está mirando. Fans que no van al cine a ver una película prohibida para menores, pero tienen una buena cantidad de ellas grabadas en DVR en su casa. Fans que pueden alimentar a los hambrientos y ayudar a los necesitados para luego procurar que se hable de ello en todas las conversaciones durante las siguientes dos semanas. Fans que se aseguran de que la gente los vea poner su ofrenda en la iglesia, pero ni siquiera consideran acercarse a su vecino que ha perdido el trabajo y no puede pagar sus cuentas. Fans a los que les gusta ver que la gente fracase, porque así en su mente se sienten mejores que los otros. Fans cuya preocupación principal al criar a sus hijos es lo que los demás puedan pensar. Fans que al leer esto suponen que estoy describiendo a alguna otra persona. Fans que han llevado puesta la máscara por tanto tiempo que hasta se han engañado a ellos mismos.

Jesús tiene palabras duras para esos fans que intentan impresionar a los demás con sus credenciales religiosas. Resulta interesante ver que Jesús se muestra tan severo con esos líderes religiosos, y al mismo tiempo es muy tierno hacia aquellos que genuinamente le entregan el corazón, los alienta, aun si no lo tienen todo bajo control externamente. Por favor, no pasen por alto esto: Jesús no espera que sus seguidores sean perfectos, pero los llama a ser auténticos.

Todas las semanas tengo la oportunidad de sentarme a conversar con personas nuevas de nuestra iglesia. Cada semana puede haber entre dos y veinte personas sentadas alrededor de la mesa. Tienen el chance de contar sus historias, y yo la oportunidad de escucharlos y orar por ellos. Generalmente en ese salón nos encontramos con dos tipos distintos de personas. Algunos son los que han andado en torno a la iglesia y a Dios una buena parte de sus vidas. Conocen las reglas. Saben qué decir y cómo decirlo. Saben qué palabras incluir y qué partes de sus historias dejar fuera del relato. Han aprendido a usar una máscara.

Y luego tenemos a aquellos que son nuevos en lo que hace a Cristo y a la iglesia. No han aprendido las reglas. Y cuando cuentan su historia incluyen el relato de un matrimonio que se deshizo debido a su infidelidad. ¡No saben cómo hacerlo mejor! No resulta infrecuente que sus historias comiencen con «Me he mantenido sobrio durante...» y que a veces haya sido por años. Y a veces por días. ¡No saben hacerlo mejor! He escuchado a ex convictos hablar acerca de su crimen. He escuchado a algunos hombres admitir su incursión por la pornografía y a ciertas mujeres contar sobre la deuda que tienen con su tarjeta de crédito. Los padres hablan de todo lo que tienen que luchar con sus hijos. Muchas veces una pareja cuenta que su matrimonio apenas se sostiene. Mencionan desórdenes alimentarios, problemas de apuestas y de adicción a las drogas. No saben hacerlo mejor... Y confío en que nadie les diga que se espera que actúen como si lo tuvieran todo bajo control. No es muy frecuente ver personas sin máscara. Y esto resulta algo hermoso.

Esto es lo que Cristo busca en un seguidor: que sea alguien que no finge que todo está bien. Una de las formas en que se define la palabra hipocresía es como «la acción de fingir». Con cuatro niños pequeños, la ficción es algo que se ve mucho en nuestra casa. Tenemos un cúmulo impresionante y prolífico de disfraces en el sótano. Las tres mayores son niñas, así que contamos con diversos vestidos de princesas, equipos de porristas, y vestimenta de hadas. Cuando llegó mi hijo, también él tuvo mucho para elegir. Yo tengo dos hermanas y soy el único varón de mi familia, y no deseaba que mi hijo sufriera como yo. Hasta el día de hoy tengo el recuerdo[2] de mis hermanas poniéndome vestidos. Bien, eso no le va a suceder a mi hijo. No mientras dependa de mí. Así que el año pasado, después de Halloween, cuando los disfraces salieron en oferta, decidí enderezar ese error. Me compré caracterizaciones de Spider-Man y Superman.[3] Pero no paré allí: me compré el de Transformer Optimus Prime y el del Increíble Hulk. Y luego pensé: Ya que estoy aquí, también podría comprar algunos para mi hijo. Cuando finalmente salí del negocio, llevaba nueve disfraces diferentes. Y a él le encanta jugar a disfrazarse. No estoy seguro de que la ficción sea algo de lo que realmente salimos alguna vez. Pero en algún punto del camino eso deja de ser un juego de la infancia y comenzamos a tomar nuestra ficción un poco más en serio... o debería decir más religiosamente.

---

[2] Me refiero a imágenes violentas.

[3] En retrospectiva, diría que andar corriendo por la casa en pantalones rojos elásticos y un traje de baño azul pequeño y ajustado encima podría resultar más dañino que un vestido de princesa.

Como niños podemos jugar a la ficción, pero el problema que Jesús tenía con aquellos líderes religiosos era que se habían convertido en simuladores profesionales.

En los versículos 27 y 28 Jesús continúa diciendo:

> ¡Ay de ustedes, maestros de la ley y fariseos, hipócritas!, que son como sepulcros blanqueados. Por fuera lucen hermosos pero por dentro están llenos de huesos de muertos y de podredumbre. Así también ustedes, por fuera dan la impresión de ser justos pero por dentro están llenos de hipocresía y de maldad.

Eso con frecuencia describe la fe de un fan. En su interior la fe se ha enfriado y se va muriendo, pero él está decidido a mantener las apariencias. ¿Recuerdan que unos años atrás había un comercial de una compañía farmacéutica que trataba de vender una droga para la hepatitis C? Lo que yo entendí a partir de la prescripción que hacían de la enfermedad es que si uno tiene una hepatitis C, no la ve manifestarse externamente en el cuerpo, por lo menos no por un tiempo; simplemente va comiendo el interior. Y en el comercial mostraban el rostro de una persona que se iba desfigurando y estropeando cada vez más. Entonces aparecía esta leyenda al finalizar el comercial: «Si la hepatitis C atacara tu rostro en lugar de tu hígado, harías algo al respecto». Si se pudiera ver lo que hay en el interior de cada persona en lugar de ver lo que ellas muestran a los demás exteriormente, me pregunto si no haríamos algo al respecto. Es lo que Jesús trata de hacer. Intenta que la gente vea lo que hay en su interior.

Elegir las reglas
por sobre la relación

Jesús señala una cantidad de indicadores que muestran que lo exterior se ha vuelto más importante que lo interior. El primero aparece en el versículo 13, en el que leemos:

> ¡Ay de ustedes, maestros de la ley y fariseos, hipócritas! Les cierran a los demás el reino de los cielos, y ni entran ustedes ni dejan entrar a los que intentan hacerlo.

Ellos le hacían difícil a la gente llegar a Dios. Enseñaban que el favor de Dios y la salvación eran algo que debía ganarse, no solo guardando la ley de Dios, sino también guardando una cantidad de otras leyes que ellos habían agregado. Por ejemplo, Dios mandaba a su pueblo: «Observa el día sábado, y conságraselo al Señor tu Dios». Esa era una ley establecida por Dios para que su pueblo tuviera un día de descanso y de renovación espiritual al honrar a Dios y reconocer su autoridad. Pero los líderes religiosos agregaron todo tipo de leyes a la ley dada por Dios, y en lugar de que el día fuera de reposo para el pueblo del Señor, les resultaba agotador. Enseñaban que el sábado se podía arrojar un objeto al aire con una mano mientras se lo pudiera detener con la otra. En realidad fue allí que se originó todo el juego de malabares.[4] Uno no se podía bañar el sábado. Si alguien derramaba un líquido o lo salpicaba el sábado, no lo podía limpiar. No se permitía mover una silla de un lugar a otro... y la lista podría continuar interminablemente. Jesús les habló muy fuerte a esos líderes religiosos porque sabía que si el seguirlo a él se convertía en un simple seguir las reglas, la gente acabaría alejándose de las dos cosas.

Crecí asistiendo a una escuela cristiana. Era una excelente escuela, pero tenía multitud de reglas. Uno no podía llevar el cabello tapándole las orejas si era un muchacho. Las faldas de las niñas no debían subir más de 5 cm. por encima de las rodillas. Los varones debían usar camisas con cuello. Las chicas estaban sometidas a ciertas reglas con respecto al maquillaje y la joyería. No malinterpreten lo que quiero decir: no creo que ninguna de esas reglas estuviese equivocada o fuera inapropiada. Creo que está bien y que es bueno que la escuela o los padres establezcan pautas o reglas como esas. Pero esto fue lo que sucedió: muchos de mis amigos no asociaron todas esas reglas y regulaciones con la escuela. En cambio las conectaron con ser cristiano. Durante años se identificaron como

---

[4] Esto no es cierto. El malabarismo hizo su aparición en el antiguo Egipto entre 1994/1794? y 1781 a.C. Los malabaristas eran utilizados en los funerales y en las fiestas para representar el nacimiento, la vida, la muerte y la vida después de la muerte. Creo que todos estamos de acuerdo en que el malabarismo debería ser recuperado en los funerales de inmediato.

cristianos y señalaban cosas como el llevar el cabello corto y las camisas con cuello como evidencia. Cuando fueron mayores, ya no les gustaron las reglas, y porque asociaban una cantidad de esas reglas con el seguir a Jesús, se alejaron de las dos cosas.

Porque asociaban una cantidad de esas reglas con el seguir a Jesús, se alejaron de las dos cosas.

Cuando aprendemos a seguir a Jesús de verdad, descubrimos que la obediencia a Dios se produce de adentro hacia afuera. La sumisión que el Señor desea para nuestras vidas, es la que fluye naturalmente a partir de la relación. Eso no quiere decir que lo que hacemos o no hacemos no tenga importancia; pero lo que hacemos o no, debe provenir de lo que somos como seguidores de Jesús.

Cuando me casé había ciertas reglas por las que acepté vivir. Eran reglas escritas que me fueron leídas. Cuando dije «Acepto», comprendía que me estaba comprometiendo a respetar reglas como:

Ser fiel a ella mientras los dos viviéramos.

Proveer para ella y cubrir sus necesidades.

Protegerla aun con mi vida.

Estar comprometido con ella en las buenas y en las malas.

Pero muy pronto después de casarme descubrí que existían otras reglas que no conocía. Desde ese entonces, esas reglas han quedado claramente establecidas también:

Debo mantener mi ropero limpio.

No debo burlarme de ella antes de las 10 de la mañana.

El asiento del inodoro debe permanecer bajo en todo momento.

Siempre debo darle mi opinión cuando me pregunta sobre dos vestidos que, para una mirada masculina no entrenada, parecen idénticos.

Que escucharla mientras miro SportsCenter al mismo tiempo equivale a mantener una aventura amorosa.

No debo permitir que me crezca pelusa en el cuello. (Esto requiere muchísima concentración).[5]

Si yo hubiera pensado en nuestra relación como una cantidad de reglas a seguir, muy pronto me hubiera resentido y amargado. Hubiera querido rebelarme y romper las reglas cuando ella estuviera distraída. Pero estoy apasionadamente enamorado de mi esposa y eso se traduce en el deseo de agradarla. Así que encuentro que el limpiar mi ropero, bajar la tapa del inodoro, y cualquier otro acto extravagante no me resulta pesado sino en realidad muy satisfactorio. Cuando la relación interior es la correcta, el exterior acompaña.

Elegir las reglas por sobre el amor

Esos líderes religiosos no solo colocaban las reglas por encima de su relación con Jesús, sino que estaban tan concentrados en guardar la letra de la ley que no mostraban amor al pueblo de Dios:

> ¡Ay de ustedes, guías ciegos!, que dicen: «Si alguien jura por el templo, no significa nada; pero si jura por el oro del templo, queda obligado por su juramento». ¡Ciegos insensatos! ¿Qué es más importante: el oro, o el templo que hace sagrado al oro? (vv. 16-17).

Continuó dando ejemplos acerca de la manera en que ellos usaban y abusaban de la ley. Específicamente había ciertos juramentos que eran legalmente vinculantes y otros que no. Así que si esos fans religiosos juraban por el templo, según la letra de la ley eso no era válido, y se rehusaban a honrar su juramento. Ahora, si juraban por el oro del templo, debían mantener su voto. En el Sermón del Monte, Jesús enseñó simplemente esto: «Cuando ustedes digan "sí", que sea realmente sí; y cuando digan "no", que sea no». El punto de esa ley era que las personas se trataran entre ellas con la verdad, honrando a los demás y respetándolos. Esos líderes religiosos

---

[5] Y crema depilatoria. Es la mejor amiga de un hombre peludo.

podrían estar guardando la letra de la ley, pero perdían el espíritu de ella. Técnicamente obedecían los mandamientos de las Escrituras, pero erraban en cuanto al punto principal de aquellos mandamientos. Como los fans de hoy, dedicaban su tiempo y atención a seguir todos los rituales religiosos, pero descuidaban mostrar el amor de Dios a la gente que los rodeaba, lo que constituía el punto central de esas reglas en primer lugar. En cambio, utilizaban la ley de Dios para golpear al pueblo que ya estaba sufriendo. Cuando las leyes se convierten en más importantes que el amor, y las reglas toman la precedencia por encima de las relaciones, eso constituye un signo claro de que nos hemos vuelto fans que apuntan al blanco incorrecto.

Estuve leyendo acerca de un hombre llamado John que, vestido en blue jeans, entró a un banco para concretar una transacción bancaria. La cajera le dijo que el funcionario al que tenía que ver no estaba, y que debería regresar al día siguiente. John dijo que estaba bien, y le pidió a la cajera que le validara su ticket de estacionamiento. Ella le informó que, según la política del banco, no podía validar su ticket de estacionamiento porque técnicamente no había concretado una transacción financiera. John le pidió que hiciera una excepción, dado que él había venido al banco con la intención de realizar el negocio pero no había podido hacerlo porque el funcionario correspondiente no estaba. La cajera no cedió. Le dijo: «Lo lamento, esa es nuestra política. Las reglas son las reglas». Así que John decidió hacer una transacción comercial. Decidió cerrar su cuenta. El apellido de John era Akers. Se trataba del presidente de IBM, y la cuenta que cerró tenía un saldo de un millón y medio de dólares. Eso si calificaba como una transacción financiera, y la cajera pudo validar el ticket de estacionamiento.

Es un buen ejemplo de cómo funciona el legalismo y de lo que sucede cuando nuestras iglesias se llenan de fans que hacen que las reglas resulten más importantes que las relaciones. Según la letra de la ley, la cajera tenía razón: dado que no había dinero que cambiara de manos, ella no tenía que validar el ticket de estacionamiento. Pero hay algo más importante que la letra de la ley: la persona. En numerosas ocasiones los fariseos criticaron a Jesús por sanar una persona en día sábado. ¿Por qué? Porque les preocupaba más la observancia del sábado que el hecho de que se sanara una persona. La iglesia constantemente debe combatir la tendencia a hacer que las reglas y las políticas resulten más importantes que las personas, porque cuando eso sucede, ya no estamos siguiendo a Jesús.

La culpa por encima de la gracia

Cuando las reglas se convierten en el enfoque principal de una iglesia, entonces podemos estar seguros de que la culpa se ha vuelto el motivador principal. Jesús habla de la culpa como un peso que aquellos líderes religiosos le obligaban a la gente a llevar, por hacer que la relación con Dios tuviera que ver con reglas. Jesús les dice a los fariseos en el versículo 4:

Atan cargas pesadas y las ponen sobre la espalda de los demás.

Los fans que siguen las reglas en lugar de seguir a Jesús se descubren sobrecargados por la culpa. Cada vez que vienen a la iglesia encuentran que el predicador le agrega otro peso a su carga. La palabra clave que activa el temor es «hacer». Intentamos hacer lo suficiente para compensar nuestros errores y ganarnos el favor de Dios. En lugar de seguir a Cristo estamos determinados a seguir nuestro propio camino. La palabra clave para la gracia es «ha sido hecho». Nuestro castigo fue absorbido por Cristo. Él abrió un camino donde no lo había, para que nosotros pudiéramos vivir en libertad, apreciando lo que ha sido hecho. Los fans tienen que ver con el «hacer», pero los seguidores celebran el «ya ha sido hecho».

Durante mi último año en la escuela secundaria cristiana a la que asistí, el Sr. Hollingsworth fue mi profesor de química. Él hizo una cosa poco usual en el examen final del año. Había estado leyendo un artículo de Charles Stanley sobre la gracia de Dios y deseaba mostrarnos cómo era la gracia. Nos entregó la prueba a todos; sabíamos que sería difícil. Nos habíamos estado preparando para rendir esa prueba durante varios meses. Antes de que comenzáramos a rendir la prueba, nos dijo: «Quiero que lean todo el examen antes de que empiecen a responderlo». Al ir leyendo el examen, la mayor parte de nosotros nos dimos cuenta de que estábamos en problemas. Deberíamos haber estudiado más. Pero al llegar al final de las varias páginas de ese examen, leí las siguientes palabras: «Puedes intentar obtener una A (equivalente a un 10) completando este examen o simplemente colocar tu nombre en él y recibir automáticamente una A». No se trataba de una elección difícil. Inmediatamente puse mi nombre, fui hasta el escritorio del profesor, y salí de allí, agradeciéndole a Charles Stanley por haber salvado mi nota de química. Pero había en nuestra clase una chica, hija de un profesor de biología, ella era muy inteligente. Había estudiado con dedicación. Aparentemente se molestó mucho por el tiempo que había pasado estudiando y no le parecía justo que todos los demás obtuvieran una «A» sin hacer nada. Ella se quedó y realizó el examen por sus principios. Si iba a obtener una «A», iba a ganársela.

Un fan dice: «Yo no recibo limosnas; puedo hacer las cosas por mí mismo». Pasan sus vidas llevando sobre sus espaldas la pesada carga de la religión y quieren asegurarse de que los demás lleven también ese peso.

Los fans se cansan al intentar mantener una apariencia externa que no va paralela a una pasión interior.

Los fans de Jesús tarde o temprano descubren que están exhaustos. Los fans se cansan al intentar mantener una apariencia externa que no es coherente con su pasión interior. Se fatigan tratando de cumplir todas las reglas con la esperanza de ganar el favor de Dios de alguna manera. Y quiero que sepan, antes de avanzar más, que Jesús vino para hacernos libres de la religión. A aquellos que han estado llevando a la rastra una larga lista de reglas. A aquellos que fingen ser más de lo que en realidad son. A aquellos que están sobrecargados por el temor y la culpa que produce la religión. A todos los fans que están agotados a causa de la religión, Jesús los invita a seguirlo:

¿Estás cansado? ¿Agotado? ¿Desgastado por la religión? Ven a mí. Escápate conmigo y recuperarás tu vida. Te mostraré como lograr un descanso verdadero. Camina conmigo y trabaja conmigo; fíjate cómo lo hago yo. Aprende los ritmos no forzados de la gracia. No voy a colocar sobre ti nada pesado o que no se adapte a ti. Camina en mi compañía y aprenderás a vivir liviano y en libertad (Paráfrasis de Mateo 11:28-30).

No captar lo que en realidad importa

En los versículos 23-24 de Mateo 23, Jesús dice:

> ¡Ay de ustedes, maestros de la ley y fariseos, hipócritas! Dan la décima parte de sus especias: la menta, el anís y el comino. Pero han descuidado los asuntos más importantes de la ley, tales como la justicia, la misericordia y la fidelidad. Debían haber practicado esto sin descuidar aquello. ¡Guías ciegos! Cuelan el mosquito pero se tragan el camello.

Le daban tremenda importancia a los asuntos más detallados de la ley; y en algunos casos eran reglas que ellos mismos habían ideado. Pero pasaban por alto lo que en verdad era importante. Jesús dio como ejemplo la forma en que los fariseos manejaban el diezmo. La ley requería que se diezmara el grano, el vino, el aceite, y los primogénitos del ganado (Deuteronomio 14:22-29). Levítico 27:30 también menciona el fruto de los árboles. Pero los fariseos habían ensanchado mucho eso para que incluyera hasta el diez por ciento de las especias que se consumían en la casa. Jesús no dijo que fuera erróneo, pero señaló como un problema el que ellos no estuvieran captando las grandes cuestiones: «la justicia, la misericordia y la fidelidad» (v. 23).

Creo que si Jesús predicara este sermón hoy, diría algo así:

> «Ay de ustedes, fans; si fueran tan apasionados en cuanto a alimentar a los pobres como lo son con el estilo de adoración de su iglesia, entonces el hambre del mundo acabaría esta semana. Ay de ustedes, fans; si ustedes ofrendaran con sacrificio para cuidar de los hambrientos y sin techo de la comunidad tanto como lo hacen para sus edificios o lugares de culto, la necesidad quedaría eliminada. Ay de ustedes, fans; si mostraran tanto celo por el cuidado de los enfermos como lo hacen por un "árbol de Navidad" al que llaman "árbol festivo", los seguros de salud no constituirían un problema»

Acabamos filtrando el mosquito y en verdad no prestándole atención al camello.

Tal vez hayas crecido en un hogar en el que se te enseñó todo acerca de Jesús. Por el temor y la culpa aprendiste a guardar todas las reglas que te son posibles, esperando que eso resulte suficiente como para librarte del infierno. Se te enseñó a observar diferentes tradiciones y rituales religiosos en un esfuerzo por apaciguar a Dios. En lugar de convertirte en un seguidor de Cristo, te transformaste en un seguidor de la religión.

No me resulta infrecuente tener que hablar con padres cristianos que están preocupados porque sus hijos universitarios y sus hijos adultos no van a la iglesia y prácticamente no muestran interés en Jesús ni en nada que tenga que ver con la espiritualidad. Con frecuencia esos buenos padres que asisten a la iglesia no comprenden dónde se desviaron las cosas. Quieren saber qué fue lo que ocurrió y qué hacer ahora. Bueno, no se trata de repuestas fáciles. Generalmente escucho sus historias, les brindo algo de aliento y oro con ellos.

Algunos meses atrás estaba hablando en Houston, Texas, y un hombre de buen tamaño, con un cinturón de hebilla grande, se me acercó con lágrimas en los ojos. Comenzó a contarme la historia de su hija pródiga, señalando que ella se había ido a la universidad y le había dado totalmente la espalda a su fe. Tan pronto él comenzó con la historia, supe cómo iba a continuar. La he escuchado tantas veces, que hasta los detalles me resultan predecibles. Pero cuando concluyó, no me preguntó por qué su hija hacía eso, ni qué era en lo que había fallado. No buscaba una explicación. En cambio, con una sola frase puso el dedo en la llaga, señalando lo que pensaba que había sucedido. Dijo esto:

La criamos en la iglesia, pero no la criamos en Cristo.

¿Oyeron lo que dijo? La criamos para que se viera bien por fuera pero no le enseñamos sobre el interior. Le enseñamos a guardar todas las reglas, pero ella en realidad nunca desarrolló una relación. La hicimos sentir culpable por las cosas erradas que hacía, pero de alguna manera no captó la asombrosa gracia de Dios.

Le enseñamos a ser una fan de Jesús en lugar de ser una seguidora de Jesús.

La historia de alguien que no es un fan

Robert Reschar

Algunos son buenos para guardar secretos. En el apogeo de mi adicción, yo no era simplemente bueno: era un profesional. Para mi familia, amigos y compañeros de trabajo, yo era Robert, un buen tipo y un cristiano que asistía a la iglesia. Pero en lo secreto, era un adicto al sexo. Frecuentaba un lugar de la localidad llamado el Teatro X y aún cuando el personal de allí no sabía mi nombre, sí conocía mi rostro.

Yo intentaba vencer esa adicción. Lo intentaba y lo intentaba. Cientos de veces me prometía a mí mismo que nunca más caería en ello, pero en pocos días mi fortaleza y mi fuerza de voluntad desaparecían. Me casé con la esperanza de que tener una esposa me curaría de la adicción. Pero me avergüenza decir que no mucho después de nuestra boda me encontré conduciendo de nuevo hacia el Teatro X. Para mí, resultaba absolutamente claro que nunca escaparía de mi adicción, así que cedí a ella. Sentía que estaba más allá de la posibilidad de ayuda y más allá del perdón de Dios, así que ¿para qué molestarme en intentarlo?

Una vez que mi esposa conoció mi secreto intentó conseguirme ayuda. Nos encontramos con consejeros y terapeutas, pero no podía evitar escabullirme subrepticiamente hacia el Teatro X. Mi mente estaba fija en él. Finalmente mi esposa me advirtió que si una vez más volvía allí,

87

nuestro matrimonio llegaría a su fin. Aún cuando el perder a mi esposa debería haber sido suficiente amenaza como para mantenerme alejado, no lo fue. Luego de volver a casa esa noche, sentí una desesperación sin fin. Sabía que ella lo descubriría y que nuestro matrimonio estaría acabado. Me quedaría solo.

Sin pensarlo dos veces, me tragué un puñado de analgésicos, seguido de algunos somníferos. Me arrastré hasta la cama, con la esperanza de morir durante el sueño. Pero no pude dormirme. En lugar de eso, comencé a llorar. Luego el llanto se volvió más fuerte. Estaba allí acostado, llorando en la oscuridad. Mi esposa se despertó, sorprendida ante mis sollozos. Cuando me preguntó que había sucedido, le conté todo. Le dije que había ido al Teatro X otra vez, y que luego había ingerido las suficientes píldoras como para desaparecer para siempre.

Llegamos al hospital a tiempo para salvar mi vida. Recibí ayuda del Ministerio Pure Life, en el que los consejeros se especializan en ayudar a los hombres a librarse de la adicción sexual. En esta ocasión las cosas fueron distintas. Aunque me había considerado a mí mismo un cristiano desde la infancia, durante ese programa de siete meses aprendí lo que significaba seguir a Jesús verdaderamente. En lugar de depender de mis propias fuerzas, aprendí a ser lleno del poder del Espíritu Santo. Encontré la victoria en su fortaleza y no en la mía. A mi entender no había forma de liberarme de aquello a través de la propia determinación o de una fortaleza interior. Finalmente comencé a experimentar la libertad cuando admití mi derrota y luego comencé a caminar humildemente con Dios cada día. Mi nombre es Robert Reschar, y no son un fan.

¿fuerte en uno mismo
o lleno del Espíritu?

Juan 16

Sé que a algunos que son fans el título de este capítulo los va a poner
un poco nerviosos. Cuando uno lee «lleno del Espíritu» se siente un
poquito incómodo. Los fans tienden a sentirse cómodos hablando
acerca de Dios y de Jesús, pero al tercer miembro de la Trinidad lo
consideran algo así como el primo Eddie; simplemente no saben qué
hacer con él. Me recuerda la manera en que me tratan mis parientes
políticos. Me casé con una muchacha de un pequeño pueblo de
Kansas.[1] Ella creció en una granja, varios kilómetros adentro, por
camino de tierra. Cuando estaba en la escuela secundaria, criaba
cerdos y conducía un tractor. Su familia trata de hacerme sentir
bienvenido, pero cada vez que aparezco allí, casi puedo escuchar
como música de fondo esa antigua canción de Plaza Sésamo. La que
dice: Una de estas cosas no es como las demás. Una de estas cosas
no pertenece al conjunto.

El resto de los hombres se presenta para el Día de Acción de Gracias
usando prendas de camuflaje rociadas con orina de ciervo, listos
para salir de caza después de la gran comida. Me siento a la mesa
llevando una camisa de diseñador, a la que se refieren como «blusa»
a mis espaldas. Como en silencio mientras los hombres se turnan
para contar sobre los ciervos a los que les han disparado y sobre
los ciervos machos que lograron escapar.[2] Media hora después

---

[1] ¿De qué tamaño? Las directivas para llegar a la casa incluyen lo siguiente: «Doblar a la derecha en
la rueda de carro que hay junto al camino de tierra». Comer afuera en ocasiones especiales requiere
conducir por veinte minutos hasta Sonic. Hay más tractores que automóviles en la ruta. El ganado es
más numeroso que la gente. «Piscina» significa «tanque para abrevar el ganado».

[2] Uno de los años, les conté sobre la ocasión en la que maté un ciervo, pero aparentemente el
atropellar a uno con mi automóvil no cuenta.

del almuerzo, miro a mí alrededor y me doy cuenta de que soy el único varón adulto en la casa. Voy a la cocina, donde las damas están preparando pasteles, y pregunto: «¿Saben a dónde han ido los hombres? Mi suegra dice, y la cito textualmente: «Todos los hombres están afuera». Hola, aquí estoy. Resulta claro que no todos están afuera. Aparentemente se han subido a su camioneta cuatro por cuatro y se han ido todos juntos a construir una caseta para los ciervos, pero nadie ha pensado en invitarme. Ahora bien, sé que ellos creen en mi existencia. Diría que a la mayoría les caigo bien. Pero no están seguros sobre qué hacer conmigo. Pienso que esa es la forma en la que los fans tienden a acercarse al Espíritu Santo. Pero la verdad es que uno no puede ser un seguidor a menos que esté lleno del Espíritu.

Los fans que intentan seguir a Jesús sin ese poder comenzarán a emitir señales. Tarde o temprano llegarán a un punto en que se sentirán frustrados a causa de los fracasos. Siguen haciendo lo que no desean hacer y no hacen las cosas que realmente quisieran. Prometen a otros que cambiarán. «Las cosas serán distintas esta vez», dicen. Y en esa ocasión realmente lo dicen en serio. Pero el cambio raramente dura más que unos pocos días. Se desvelan de noche y se prometen: «Nunca más... Nunca más perderé los estribos... nunca más entraré a ese sitio Web... nunca más beberé un trago... ¡nunca más!». Pero al poco tiempo vuelven a desvelarse haciéndose las mismas promesas. Simplemente no funciona. Cuando intentamos seguir a Jesús sin ser llenos día a día por el Espíritu nos frustramos a causa de nuestros fracasos y nos agotamos por el esfuerzo.

Hace poco, mi esposa, yo y nuestros cuatro hijos volamos al aeropuerto de Atlanta desde la isla de Española, en la que habíamos pasado un mes en un viaje misionero. Luego de aterrizar, tomamos nuestras maletas y comenzamos una larga marcha a través del aeropuerto. Cuando viajamos, mi esposa y yo solemos compartir responsabilidades. Uno empaca las toneladas de cosas y el otro las transporta a todo lugar. Así es como funciona la cosa. Así que yo soy el que transporta media docena de maletas a través del aeropuerto. Cuelgan de todo mi cuerpo. Traslado esa pila de valijas con apenas la cabeza sobresaliendo por encima de ellas. Giramos para avanzar por un pasillo que tiene unos novecientos metros de largo. Mi esposa y todos los niños se suben a una pasarela mecánica. Pero yo acarreo una carga muy ancha y me resulta imposible conducirla y girar, así que no logro subir a la rampa. Desearía que pudieran verlo desde mi perspectiva. Ellos colocan las pocas maletas que llevan sobre la pasarela mecánica, se paran allí y me miran. Yo sudo como... bien, como un hombre que acarrea media docena de maletas a través de un aeropuerto. Intento mantener el paso. Acabamos llegando al final de la pasarela casi al mismo tiempo. Pero hay una diferencia. Yo me siento frustrado, exhausto y enfadado, y ellos están listos para continuar con la marcha. Así es como se ven nuestras vidas cuando intentamos marchar con nuestras propias fuerzas en lugar de andar por la senda de la llenura del Espíritu. Los fans intentan desempeñar el rol del Espíritu Santo, pero el intento de ser Dios tiende a agotarnos. Nos deja cansados y frustrados.

Los fans que procuran seguir a Jesús sin estar llenos del poder del Espíritu resultan desbordados por las circunstancias de la vida. Parecen seguir a Cristo, pero luego, cuando algo les va mal, no tienen el poder para superarlo. En lugar de seguir a Cristo y mantenerse cerca de él en la tormenta, se desalientan y toman distancia.

Con el tiempo algo sucede y no logran atravesar esa situación por ellos mismos. Los seguidores han descubierto que las cosas no funcionan sin el poder del Espíritu.

Diagnosticar qué es ser fan:

PREGUNTA 5: ¿Eres un fan que te mueves en tus propias fuerzas o un seguidor lleno del Espíritu?

En los Evangelios hemos considerado una cantidad de encuentros en los que Jesús desafió a la gente a definir su relación con él. Intencionalmente separó a los fans de los seguidores. Para los discípulos ese momento definitorio llegaría cuando Jesús ascendió a los cielos dejándolos aquí para hacer avanzar su Reino hasta los confines de la tierra. Si fueran solo fans de Jesús, sucedería una de dos cosas. Volverían a su antigua vida y retomarían sus viejas carreras. Se acabó el show, es tiempo de volver a casa. O intentarían llevar a cabo la misión que Dios les ha encomendado, pero al depender de sus propias fuerzas y esfuerzo, acabarían en absoluto y completo fracaso, y Jesús se perdería dentro de la historia humana. Pero en Hechos 1, esto es lo que Jesús les dijo a sus seguidores justo antes de ascender al cielo:

> «Pero cuando venga el Espíritu Santo sobre ustedes, recibirán poder y serán mis testigos tanto en Jerusalén como en toda Judea y Samaria, y hasta los confines de la tierra». Habiendo dicho esto, mientras ellos lo miraban, fue llevado a las alturas hasta que una nube lo ocultó de su vista (Hechos 1:8-9).

Estoy seguro de que esto debió haberles resultado abrumador a sus seguidores. Porque una cosa era seguir a Jesús cuando él estaba presente, en la carne, conduciéndolos por el camino. Podían verlo y hablar con él. Si enfrentaban una tormenta, él estaba para calmarla. Si tenían hambre, allí estaba para proveerles comida. Si se sentían confundidos, él los ayudaba a comprender. Pero mientras lo veían desaparecer entre las nubes, ellos se deben haber preguntado cómo continuar siguiéndolo aquí en la tierra. No tenían idea de qué hacer a continuación. Eran personas sin educación. De bajos recursos. No contaban con un plan estratégico. No tenían ningún poder especial. Ni influencias políticas. ¿Cómo podían seguirlo si él no estaba presente para conducirlos? Pero Jesús les había dicho a esos seguidores: «Cuando venga el Espíritu Santo sobre ustedes, recibirán poder». Los fans pueden intentar seguir a Jesús en sus propias fuerzas, pero los seguidores reciben el poder del Espíritu Santo.

A veces, al leer los Evangelios, nos encontramos con las historias de los discípulos que seguían a Jesús y no podemos evitar ponernos un poco celosos de ellos. ¿Cómo habrá sido seguir a Jesús en persona? Estamos contentos con el Espíritu Santo, pero tendemos a pensar que él pertenece al equipo suplente de la Trinidad. Sin embargo esa no es la forma en que Jesús describe al Espíritu Santo ante sus seguidores.

En Juan 16 leemos una de las últimas conversaciones que Jesús mantiene con sus discípulos antes de su arresto y crucifixión. Trata de prepararlos para su muerte, pero ellos hacen una negación. No pueden ni siquiera imaginar la posibilidad de perder a Jesús como su líder, maestro y amigo. Es la peor noticia posible. Y así les habla Jesús:

> Pero les digo la verdad: Les conviene que me vaya porque, si no lo hago, el Consolador no vendrá a ustedes; en cambio, si me voy, se lo enviaré a ustedes (Juan 16:7).

¿Captaron? Jesús, el Dios en carne, dice que es mejor que él se vaya, porque cuando eso suceda, vendrá el Espíritu Santo. Es mejor. ¿Por qué diría eso? Cuando yo estaba en el seminario realicé un estudio de las referencias bíblicas que hablan de que Dios está con el hombre. La Biblia dice que Dios estaba con Abraham. Dios estuvo con José. Dios estuvo con Eliseo. Y noté que la mayoría de las referencias acerca de que «Dios estaba *con*» pertenecen al Antiguo Testamento. No aparecen en el Nuevo. No podía descifrar el por qué. Me venía una y otra vez el pensamiento de que se me estaba escapando algo. Y esto fue lo que descubrí: se da un cambio de preposiciones sutil pero fundamental entre el Antiguo Testamento y el Nuevo. En el Antiguo dice «Dios *con* nosotros» y en el Nuevo «Dios *en* nosotros» (el énfasis es mío). Jesús dice «Les conviene que me vaya», porque en tanto que el Dios con ustedes es bueno, el Dios en ustedes es mejor. Jesús podía estar con sus seguidores, pero el Espíritu Santo viviría en sus seguidores.

A veces cuando escucho a algunas personas hablar sobre los diferentes hombres y mujeres del Antiguo Testamento, percibo un dejo de celos. Puede ser que lo expresen, o que solo lo insinúen, pero esto es lo que comunican:

¿Cómo habrá sido escuchar la voz de Dios y verlo moverse de maneras tan poderosas? Desearía que sucediera con nosotros lo mismo que aconteció en aquellas historias de las que leemos en las Escrituras. Apenas llegue al cielo, les preguntaré a David, Elías y Moisés como fue todo eso.

Pero creo que sucederá lo opuesto en el cielo. Antes de poder preguntarle a David cómo fue matar al gigante y ganar batallas, él nos pedirá: Cuéntenme cómo fue el tener al Espíritu Santo viviendo dentro de ustedes cuando estaban en la tierra, y dándoles fortaleza cuando eran débiles. Podríamos preguntarle a Elías: ¿Cómo fue clamar por fuego del cielo sobre los profetas de Baal y resucitar a aquel muchacho muerto? Y creo que Elías nos diría: Sí, el muchacho en realidad con el tiempo volvió a morir. Díganme ustedes cómo fue tener a Dios viviendo dentro de ustedes. ¿Cómo fue vivir en la tierra y que el Espíritu Santo les diera gozo cuando estaban deprimidos, o que les concediera el poder para vencer al pecado en su vida? Es posible que le preguntáramos a Moisés: ¿Cómo fue eso de seguir la nube durante el día y el fuego durante la noche? ¿Qué tal fue encontrarte con Dios en la montaña? Probablemente Moisés nos dijera: Tuve que ascender a esa montaña para encontrarme con Dios. Cuéntenme ustedes cómo fue tenerlo a él morando dentro de ustedes cada día. ¿Cómo fue tener al Espíritu Santo proveyéndoles dirección cuando no sabían qué hacer o a dónde ir?

En Hechos capítulo 1, Jesús promete a sus seguidores que recibirán el poder del Espíritu Santo, y el resto de los Hechos documenta lo que Dios puede hacer con seguidores llenos del Espíritu Santo. En el capítulo 4 dos de los seguidores más cercanos de Jesús, Pedro y Juan, son llevados delante de los líderes espirituales. Y aquellos líderes religiosos no pueden entender por qué esos seguidores de Jesús están produciendo tamaña diferencia. No han tenido la capacitación teológica adecuada, ni cuentan con credenciales religiosas. Los líderes espirituales se rascan la cabeza e intentan descubrir cómo puede ser que hombres tan comunes como ellos hagan cosas tan extraordinarias. Así que les hacen preguntas.

> Hicieron que Pedro y Juan comparecieran ante ellos y comenzaron a interrogarlos: «¿Con qué poder, o en nombre de quién, hicieron ustedes esto? (Hechos 4:7).

A los líderes religiosos les resulta claro que Pedro y Juan no estaban haciendo estas cosas en su propio poder. En el siguiente versículo

Pedro responde la pregunta. Pero antes de leer lo que dice Pedro, esto es lo que se nos dice en el versículo 8:

> Pedro, lleno del Espíritu Santo, les respondió

El versículo 13 señala la conclusión a la que llegaron estos líderes espirituales después de que Pedro les habló:

> Los gobernantes, al ver la osadía con que hablaban Pedro y Juan, y al darse cuenta de que eran gente sin estudios ni preparación, quedaron asombrados...

Estaban llenos del poder del Espíritu, y esos seguidores de Jesús, comunes e iletrados, cambiaron el mundo. En Romanos 8:11, Pablo ilustra lo poderoso que el Espíritu Santo desea ser en nuestras vidas. Él escribe esto:

> El Espíritu de aquel que levantó a Jesús de entre los muertos vive en ustedes...

El mismo Espíritu que levantó a Cristo de los muertos ahora vive en sus seguidores.

Cuando tú te conviertes en cristiano, recibes de Dios el don del Espíritu Santo. Esa es su promesa a todos los que ponen su fe en él. Así que no es cuestión de si tienes o no acceso al poder del Espíritu Santo; la cuestión es, ¿has accedido a él? Los fans pueden haber recibido el don del Espíritu Santo, pero no están llenos del Espíritu Santo.

> **Los fans pueden haber recibido el don del Espíritu Santo, pero no están llenos del Espíritu Santo.**

Este fue un problema de la iglesia de Galacia, en el primer siglo. Pablo había llegado allí y había predicado el mensaje de la gracia. La gente había rendido su vida a Cristo y aceptado su don gratuito. Pero tan pronto como Pablo se dirigió a otra ciudad, un grupo de falsos maestros conocidos como los «judaizantes» llegó a la iglesia y comenzó a empujar a la gente de nuevo hacia la ley. Empezaron a hacer énfasis en el esfuerzo humano y en el trabajo duro más que en el poder del Espíritu. Pero así es como Pablo enfrentó el asunto:

¿Tan torpes son? Después de haber comenzado con el Espíritu, ¿pretenden ahora perfeccionarse con esfuerzos humanos? (Gálatas 3:3).

Pablo señala que intentar llevar una vida cristiana en las propias fuerzas es algo ridículo. ¿Por qué haría eso una persona? ¿Por qué caminar cuando puede dejarse llevar?

Lo débil es fuerte

Para ser llenos del poder del Espíritu debemos comenzar con un sincero reconocimiento de nuestra propia debilidad.

La verdad es que la mayoría de nosotros hacemos todo lo que está a nuestro alcance por disimular nuestras debilidades.

¿Podemos adivinar cuál es la pregunta más temida en una entrevista de trabajo? Creo que la pregunta más difícil de responder es: «¿Cuál es tu principal punto débil?». ¿Cómo la respondes? Te diré lo que no haces: No les dices cuál es tu punto débil, porque si lo haces, ellos no van a emplearte. No dices: «Nunca llego a horario. Continuamente dejo las cosas para más adelante. Tengo problemas en llevarme bien con los compañeros de trabajo. No sé encender una computadora». Pero tienes que decir algo. ¿Qué es lo que dices?

Monster.com, el sitio Web dedicado a la búsqueda de empleo, describe una variedad de estrategias para responder esa pregunta. Un enfoque es disimular las debilidades mostrándolas como fortalezas. Por ejemplo, puedes decir: «Soy tan perfeccionista que a veces me exijo demasiado y también les exijo a los demás». O tal vez: «Trabajo tanto que a veces mi vida se desequilibra un poco». Otra estrategia que recomiendan es minimizar la debilidad explicando cómo uno la ha superado: «Puedo ser una persona muy orientada hacia las tareas, pero he aprendido que el trabajar con la gente es la forma más eficaz de alcanzar una meta». Una tercera estrategia es mencionar una debilidad real, pero asegurándose de que sea completamente irrelevante para el puesto al que se aspira. Si, por ejemplo, solicitas un puesto contable, no deseas admitir que no eres una persona detallista. Así que dirás algo así: «Soy propenso a lastimarme al jugar al básquet en una cancha». De alguna manera encuéntrale la vuelta a la pregunta, pero sea lo que fuere que hagas, no reconozcas tus verdaderas debilidades.

¿Puedo hacerles una pequeña confesión? Cada tanto, cuando voy al gimnasio, uso algunos aparatos de pesas en los que determino cuánto peso quiero levantar al mover el tope para arriba o para abajo dentro de un rango de pesos. Cuando ejercito los tríceps, solo uso alrededor de 18 kilos, lo que no impresiona demasiado. Parte del problema es que no creo tener tríceps. No hay evidencias reales de que existan. Pero cuando me levanto para irme, muevo el tope a 34 kilos, para que la próxima persona que use el aparato piense: Ese tipo tiene unos tríceps impresionantes. Solo que los oculta con humildad bajo su ropa holgada. Esto es lo que hacemos con mayor frecuencia en nuestras vidas: tratamos de reforzar en la percepción de otros que somos fuertes en realidad. Que lo tenemos todo bien organizado y que podemos manejar cualquier cosa que se nos cruce.

En la segunda carta a los Corintios, Pablo habla sobre cómo el reconocer nuestra debilidad le da lugar al poder de Cristo:

> Por lo tanto, gustosamente haré más bien alarde de mis debilidades, para que permanezca sobre mí el poder de Cristo. Por eso me regocijo en debilidades... porque cuando soy débil, entonces soy fuerte. (2 Corintios 12:9-10).

Pablo entiende que vivir en el poder del Espíritu significa poner el foco sobre nuestras debilidades. Los fans hallan muy difícil hacerlo. La mayoría de los fans han aprendido a tomar recaudos para que todos sepan acerca de sus fortalezas y para que nadie descubra sus debilidades.

Pablo les recuerda a esos seguidores de Galacia que habían dejado de vivir en el poder del Espíritu y habían comenzado a depender de ellos mismos, lo tonto que era eso, y luego les deja en claro lo que deberían hacer.

Si el Espíritu nos da vida, andemos guiados por el Espíritu (Gálatas 5:25).

La figura corresponde a alguien que camina, y que a cada paso que da se toma del Espíritu. No puedes vivir por el Espíritu si solo reconoces su presencia un día por semana cuando vas a la iglesia.

Respiración espiritual

Las enseñanzas de Bill Bright me ayudaron a aprender a ser un seguidor lleno del Espíritu. Él enseña un ejercicio espiritual llamado «respiración espiritual». La idea básica es que vivas con una conciencia del Espíritu momento a momento hasta que el andar en el Espíritu se vuelva tan natural (tan habitual) como respirar. Que sea parte de lo que eres. Así funciona: el momento en el que tomas conciencia de pecado en tu vida, exhalas. Cuando exhalas, expulsas y te arrepientes de tu pecado. El arrepentimiento se convierte en una respuesta natural y hace lugar en nuestros corazones para que el Espíritu nos llene. Así que en el momento en que te vuelves orgulloso, celoso, lujurioso, áspero, egoísta, o impaciente, exhalas y te arrepientes de tu pecado.

Para mí, la única manera de ser lleno del Espíritu es vaciarme de mí mismo. Cuando me vacío de mí mismo, se crea espacio para que el Espíritu Santo me llene. Cuanto más él me llena, menos lugar queda para mí. Lo ilustro: Tengo un amigo que se casó el año pasado, y antes de casarse tenía una cierta pintura colgada en su apartamento. Pero poco después de casarse, yo estuve en su oficina y noté que la pintura que tenía en su apartamento había sido trasladada a esa oficina. El cuadro era un póster enmarcado de Seinfeld, de Kramer. Ahora bien, déjame preguntarte: ¿Fue coincidencia que Kramer saliera de la casa al entrar la esposa? Cuando el Espíritu Santo se muda dentro de ti y reside allí, entonces tendrás que irte dando cuenta de que no queda mucho espacio para ti mismo. Y de a poco encontrarás que tu orgullo, tu impaciencia, tu egoísmo, tu lujuria, son descolgados de la pared y llevados fuera de la puerta. Tú exhalas y sacas afuera el revoltijo y la oscuridad de ti mismo para crear un espacio de modo que puedas ser lleno con el Espíritu.

Y luego inhalas. Cuando inhalas, aspiras y oras para ser lleno del Espíritu y le entregas el control a él. Practicar esta respiración espiritual te enseñará a mantenerte al paso del Espíritu. Los seguidores viven con una conciencia continua de la presencia del Espíritu y en una constante oración para ser llenados de su poder.

A los fans, eso les parece poco natural al principio. Porque no les enseñaron a llevar el paso del Espíritu. Cuando uno le enseña a un niño a caminar, eso implica mucha concentración y esfuerzo, pero en poco tiempo el poner un pie delante de otro y caminar le resulta completamente natural. A medida que te vuelvas más consciente de su presencia y ores diariamente pidiendo su poder, lo que ahora te parece forzado y antinatural se convertirá en tu segunda naturaleza.

Algo sorprendente que he descubierto a través de los años es que hay cantidad de iglesias como la de Galacia. El mensaje se vuelve «inténtalo con mayor empeño», y cuanto más la gente anda girando alrededor de la iglesia y de las cosas de Dios, más se va deslizando hacia la mentalidad «hazlo por ti mismo». El énfasis se pone más sobre el esfuerzo propio y la autodisciplina. Los fans neciamente piensan que si se esfuerzan lo suficiente podrán seguir a Jesús.

Ridículo, es pensar que poner nuestra confianza en el propio esfuerzo en lugar de ponerlo en el poder del Espíritu Santo. Con facilidad me encuentro intentando funcionar de esa manera. Esto fue así para mí especialmente durante los primeros años de mi ministerio. En lugar de admitir mi debilidad y declarar una completa dependencia de Dios, yo intentaba hacer las cosas por mí mismo.

Cuando nos mudamos de la última casa en la que vivimos antes de esta, yo dejé el mueble más pesado para el final. Era el escritorio de mi oficina. Intenté hacer que se deslizara, pero las patas se atascaban continuamente. Después de un rato, me figuré que si lo daba vuelta para que la parte de arriba quedara en el piso y las patas en el aire, podría deslizarlo por la alfombra. Yo empujé con todas las fuerzas que tenía y fui haciendo progresos lentamente. En ese momento mi hijo de cuatro años vino y me preguntó si podía ayudarme. Se paró entre mis brazos y comenzó a empujar. Juntos comenzamos a deslizar el escritorio por el piso. Él empujaba y resoplaba a medida que avanzábamos de a pocos centímetros. Entonces se detuvo, me miró, y me dijo: «Papi, te estás cruzando en mi camino». Yo podría fácilmente haber empujado el mueble solo. Él no podía siquiera moverlo, pero insistía en querer hacerlo por su cuenta. Pensaba que estaba empujando el escritorio. No pude evitar reírme.

Cuando comencé una nueva iglesia en el condado de Los Ángeles, California, me encontré desbordado por las presiones y el estrés. Trabajaba más de setenta horas por semana. Mi esposa me pedía que me tomara un día libre y yo le respondía: «No puedo». No dormía de noche y comencé a tomar píldoras para dormir. Cuando la iglesia ya tenía alrededor de un año, me desperté en medio de la noche y tuve la extraña sensación de que Dios se estaba riendo de mí. Sé que parece extraño, y que quizá se debiera a las píldoras, pero fue un momento muy real que recuerdo bien. Me quedé allí acostado tratando de discernir de qué se trataba la cosa. ¿Por qué se reía Dios de mí? Nunca pude descubrirlo, pero a menudo me preguntaba acerca de su significado. Y luego, unos cinco años después, cuando mi hijo y yo empujábamos un escritorio por el piso y él me miró y dijo «Papi, te estás cruzando en mi camino», yo comprendí. En el mismo instante en que comencé a reírme del comentario de mi hijo, ese sueño volvió a mi mente. Y me di cuenta de por qué Dios se había reído de mí. Yo creía ser el que empujaba el escritorio. Sé que puede parecer ridículo, pero en lugar de haber reconocido el poder y la fortaleza de Dios, yo había comenzado a pensar que todo dependía de mí.

Los fans con el tiempo quedan agotados intentando vivir la vida cristiana en sus propias fuerzas. Si tú dependes de tu propia fortaleza para seguir a Cristo, muy pronto te encontrarás vacío y derrotado. Jesús les prometió a sus seguidores que el Espíritu vendría sobre ellos con poder.

Los seguidores de Jesús comprenden que se trata de una travesía que nunca pueden hacer solos. En lugar de eso, cuando siguen el paso del Espíritu, él sobrenaturalmente les da la fortaleza y el poder que necesitan.

Uno de los obstáculos que encontramos cuando decimos que los seguidores están llenos del Espíritu Santo es que a menudo se piensa y se habla de una manera muy etérea en cuanto a ser llenos del Espíritu, y el seguir a Jesús parecería ser algo más físico. Yo procuraba encontrar una mejor manera de explicar o ilustrar cómo es que estas cosas se juntan y el seguidor se llena del Espíritu Santo. Les pedí a mis amigos de Facebook que completaran esta frase: **«Por el poder del Espíritu Santo...»** En menos de veinticuatro horas obtuve más de 100 respuestas:

Finalmente perdoné a mi papá.

Perdí 68 kilos y dejé de fumar.

He perdonado a mi ex marido por su infidelidad.

He adoptado dos muchachitos de Etiopía.

Superé la adicción a las drogas.
Superé una adicción al juego.

Superé una adicción al sexo.

Superé una adición a hacer compras.

Superé un desorden alimentario.

Logro mantenerme sobrio desde hace cuatro años.

Puedo criar a mi niño con capacidades especiales, aún cuando soy una madre soltera.

Se salvó mi matrimonio.
Pudimos concebir después de que nos dijeron que eso nunca sucedería.

Mi hijo regresó al hogar después de tres años de silencio.

Encontré paz cuando mi marido falleció y creí que mi vida había acabado.

Volví a casarme con mi ex marido después de un divorcio largo y muy engorroso.

Fueron apareciendo las historias de aquellos seguidores llenos del Espíritu Santo. A los fans se les dificulta poder contar historias como esas. ¿Cuál es tu historia?

La historia de alguien que no es un fan

Summer Rines

Me resultó realmente difícil seguir a Jesús mientras no me amé a mí misma. Durante años había luchado con un desorden alimentario, y sé ahora que es algo con lo que siempre lucharé. Y aunque he realizado progresos considerables, todavía hay tiempos en los que lucho. Lo que he descubierto es que eso sucede en los momentos en que ignoro la voz de Dios en mi vida y sigo a alguien o a algo que no es Jesús.

Al mirar hacia atrás a mi recorrido, puedo ver que yo intentaba manejar esta enfermedad por mí misma. Y porque trataba de ser la que estuviera al control, no solo dañaba mi propia vida sino la vida de aquellos que me rodeaban. Yo solo podía amar a Jesús y adorarlo cuando estaba en paz con mi cuerpo. Pero cuando crecía la presión, no estaba dispuesta a dejar de lado mi egoísmo y vanidad. No deseaba amar y servir a los demás (lo que incluía a Dios) dejando de lado mis propias luchas. Un seguidor de Jesús muere a toda enfermedad e inseguridad, independientemente de lo difícil y aterradora que sea, y le permite a él asumir el control. Durante un larguísimo tiempo no pude lograr entregarle el control de esa área de mi vida a él.

Finalmente le entregué todo. Cuando fui bautizada y descendí al agua, conscientemente renuncié a muchas cosas. Intenté soltar un montón de cuestiones, incluyendo el control sobre mi enfermedad. Sinceramente, no ha sido fácil. Morir completamente a esta enfermedad ha resultado mi mayor lucha al caminar con Cristo. Pero es diferente ahora. Antes intentaba vez tras vez lograr la victoria, pero ahora, en lugar de intentarlo, confío en el poder del Espíritu Santo en mi vida. Cada día comienzo con una negación de mí misma, rindiéndome a él, y viviendo en el poder del Espíritu Santo. Así es como he comenzado hoy y como comenzaré mañana. Mi nombre es Summer Rines, y no soy una fan.

la relación definida

Mateo 7

Comencé el primer capítulo con una pregunta simple: «¿Eres un seguidor de Jesús?». Hemos considerado una cantidad de encuentros que Jesús tuvo con distintas personas durante el tiempo en que estuvo sobre la tierra. Esos fueron momentos definitorios para cada uno de ellos, porque allí se reveló si eran fans o seguidores. Luego de estudiar algunos de estos encuentros que hallamos en las Escrituras, tal vez tú te des cuenta de que necesitas echarle una mirada más profunda al tema de dónde estás parado con respecto a Jesús. Quiero que sepas que nunca ha sido mi objetivo hacer que los verdaderos seguidores de Cristo duden de su postura ante Dios o la cuestionen. Espero que al considerar lo que separa a los fans de los seguidores, tú te hayas afirmado en tu fe y hayas sido confirmado en tu compromiso como seguidor. Pero sé que hay muchos de ustedes que se llaman cristianos (por definición, seguidores de Cristo) pero que al definir con sinceridad lo que tienen con Jesús, se hace claro que no están siguiendo a Cristo.

Mi oración es que se te abran los ojos y que el Espíritu Santo despierte tu alma a la clase de relación que Cristo desea tener contigo. Hay en mí un celo por ustedes, para que descubran eso ahora y no desperdicien otro día viviendo el cristianismo en una forma aguada y diluida. Deseo que prueben esto no solo para que experimenten la existencia que Dios quiere que lleven, la cual transmite vida y satisface el alma aquí sobre este planeta, sino porque creo que su eternidad pende de un hilo. El resumen de todo es este: vendrá un día en el que nos presentaremos ante Dios, y en ese día muchos de los que se creyeron seguidores quedarán identificados como nada más que fans.

No estoy especulando ni prediciendo; Jesús ya ha hablado claramente sobre esto en Mateo 7.

Aunque creo en la seguridad de nuestra salvación, también entiendo que tenemos que trabajar en nuestra salvación con temor y temblor (Filipenses 2:12). Cuando se trata del lugar en el que pasaremos la eternidad no podemos sentir temor de hacer preguntas difíciles y de echarle una mirada sincera a las respuestas que nuestras vidas ofrecen. Es posible que cuando se te preguntó: «¿Eres un seguidor de Jesús?», tú hayas respondido rápidamente que sí. Pero, ¿no será que un día vas a quedar expuesto como nada más que un fan?

Hace poco yo regresaba a Louisville de un corto viaje a Cincinnati. De Cincinnati a Louisville corre una autopista denominada la 1-71. Es una ruta directa y lleva alrededor de una hora recorrerla. Yo me dirigía a casa con bastante tiempo como para llegar a cenar con mi familia. La radio estaba encendida, era un día hermoso, y yo disfrutaba del viaje. Luego de aproximadamente una hora yo sabía que debía estar acercándome a Louisville, pero entonces vi un cartel que decía «Bienvenido a Lexington».

Hay un lugar, justo a la salida de Cincinnati, en el que si uno no es muy cuidadoso resulta fácil equivocarse porque la 1-71 que lleva a Louisville se divide de la 1-75 que conduce a Lexington. Cometer ese error es frecuente y le ha sucedido a mucha gente que realiza el viaje. Durante casi una hora yo estuve completamente convencido de que estaba en la 1-71, pero todo el tiempo anduve por la 1-75. Nunca se me ocurrió que iba por un camino errado. El camino que recorría me parecía el correcto. Estoy seguro de que había carteles e indicadores a lo largo del camino que señalaban que estaba en la 1-75, pero nunca captaron mi atención. Nunca me vino a la mente que pudiera estar yendo por un camino equivocado. Estaba encendida la radio y yo acompañaba la música cantando, completamente ajeno a ese hecho. Ni siquiera pasó por mi cabeza la posibilidad de estar transitando una ruta incorrecta.

En Mateo capítulo 7 Jesús habla de dos caminos diferentes que conducen a lugares distintos:

> Entren por la puerta estrecha. Porque es ancha la puerta y espacioso el camino que conduce a la destrucción, y muchos entran por ella. Pero estrecha es la puerta y angosto el camino que conduce a la vida, y son pocos los que la encuentran.

Mucha gente toma el camino equivocado y solo unos pocos encuentran el camino angosto. Si eso es así, ¿no tendría sentido que desaceleráramos un poco? ¿No deberíamos frenar, colocarnos al costado de la ruta, y asegurarnos de que estamos en el camino que conduce a la vida? Esta enseñanza de Jesús es la conclusión de lo que se conoce como «El Sermón del Monte». Se trata de un sermón que ha tenido que ver con elevar la valla del compromiso para aquellos que lo iban a seguir. Se trata de un camino angosto, pero es un camino que conduce a la vida.

Me pregunto: ¿sería posible que pensaras que estás en el camino angosto pero que en realidad anduvieras por el camino ancho? ¿Podría ser que hayas establecido una velocidad de crucero, encendido la radio cristiana, y estés yendo por el camino de la destrucción con un pescadito de Jesús adherido a la luneta de tu auto?

Donald Whitney cierta vez dijo: «Si una persona se equivoca en cuanto a estar bien con Dios, en última instancia no importan las cosas sobre las que esté en lo correcto». Así que antes de continuar conduciendo por la ruta, solo te pido que desaceleres el automóvil, mires algunos de los carteles y te preguntes por qué camino vas. ¿Es posible que te equivoques en cuanto a que estás en orden con Dios? Jesús continúa su enseñanza en Mateo 7:

> No todo el que me dice «Señor, Señor» entrará en el reino de los cielos, sino sólo el que hace la voluntad de mi Padre que está en el cielo. Muchos me dirán en aquel día: «Señor, Señor, ¿no profetizamos en tu nombre, y en tu nombre expulsamos demonios e hicimos muchos milagros? » Entonces les diré claramente: «Jamás los conocí. ¡Aléjense de mí, hacedores de maldad!»

Mateo 7:21-23

No me hubiera sorprendido que Jesús dijera que unos pocos se presentarán ante Dios el Día del Juicio convencidos de que todo está bien solo para descubrir lo contrario. Pero él no habla de unos pocos. No dice algunos. Dice «muchos». Muchos que supusieron estar en el camino al cielo descubrirán que el cielo no es su destino.

Así que si has detenido tu automóvil al borde del camino, quiero que te hagas un par de preguntas importantes acerca de lo que Jesús enseña en Mateo 7.

PREGUNTA 1: ¿Tu vida refleja lo que dices que crees?

En el versículo 21 leemos: «No todo el que me dice ... sino solo el que hace ...». Jesús establece una distinción entre los fans y los seguidores al contrastar la palabra «dice» con la palabra «hace». Vivimos en un tiempo en el que cada vez nos sentimos más cómodos separando lo que decimos creer de la manera en que vivimos. Estamos convencidos de que nuestras creencias son sinceras aun cuando no tengan impacto en nuestra manera de vivir. Permítanme darles algunos ejemplos de esta mentalidad.

Si yo realizara un sondeo de opinión y les preguntara a los norteamericanos: «¿Creen que es importante comer correctamente y hacer actividad física?», la mayoría de ellos me diría: «Sí, lo creo». Los estadounidenses por abrumadora mayoría dicen que su salud es importante. Pero la comida más popular en las ferias estatales es una hamburguesa de tocino y queso entre dos donas de Krispy Kreme. Cobran extra si uno desea tocino cubierto con chocolate.[1] Aquí va otro ejemplo. Un hombre puede decir: «Creo en la importancia de la familia. Nada es más importante que ella». Pero si acepta un trabajo con una mejor paga a pesar de que le requerirá pasar más tiempo lejos de su familia, revela lo que en realidad cree.

---

[1] Según mi opinión, vale cada centavo que gastamos. Hablando con lógica, si uno se va a comer una hamburguesa de queso y tocino en pan de dona, bien puede ponerle algo de chocolate al tocino.

Somos salvados por la gracia de Dios cuando creemos en Jesús y ponemos nuestra fe en él, pero el sentido bíblico la creencia es algo más que lo que confesamos con nuestra boca: se trata de algo que confesamos con nuestra vida.

Así que un fan puede decir «Señor, Señor», pero no vive el «Señor, Señor». Tú dices: «Soy un seguidor». Te escucho, ¿pero cuándo fue la última vez que alimentaste al hambriento, vestiste al desnudo, visitaste a un prisionero? Tú dices, «Yo soy un seguidor». Estupendo, ¿pero que haces cuando entablas una discusión con tu esposa? Quiero saber si tú eres el que extiendes la mano y la colocas amablemente sobre la espalda de tu marido o de tu esposa y dices: «Lo lamento». ¿Qué haces cuando un vecino comienza a chismear sobre un amigo? ¿Qué haces cuando la película que estás mirando toma el nombre de Dios en vano continuamente? Una creencia es más que aquello que decimos.

Imaginemos que me voy de viaje misionero con la familia por un mes y que consigo que un matrimonio joven venga a cuidar de la casa durante ese tiempo. Antes de irnos les doy un cuaderno que contiene unas 10 ó 12 páginas de instrucciones detalladas para el cuidado de la casa y de las mascotas. Les digo cuándo regar las plantas. Les dejo escrito dónde encontrar la comida del gato y cuánto darle. Les recuerdo que deben recoger el correo. Les explico que el día de recolección de la basura es el jueves temprano a la mañana. Les informo que el inodoro del baño de la planta baja se desborda y enfatizo claramente que la válvula de cierre es una alternativa. Cuando les entrego ese cuaderno, la pareja se compromete a hacer lo que dice allí. Ahora quiero que imaginen que regreso y que todas las plantas se han muerto. El garaje está lleno de basura. El inodoro ha estado desbordándose durante días y el subsuelo se ha inundado. Miro hacia el jardín y veo allí un pequeño cementerio en el que se ha enterrado al gato. Entonces la pareja que ha estado cuidando la casa viene y me explica lo útil que les ha sido el cuaderno. De hecho, han memorizado ciertas partes y puedo ver que han resaltado distintos párrafos. Me informan que repasaron algunos pasajes del cuaderno todas las noches antes de acostarse. ¿Qué les voy a decir? Les diré: «¡Aléjense de mí, hacedores de maldad!». Pueden haber expresado compromiso, pero no existe evidencia de que esas palabras significaran algo.

El libro de Santiago, en la Biblia, enfoca esto. Santiago desea que sus lectores comprendan lo que es la creencia según la Biblia:

> Hermanos míos, ¿de qué le sirve a uno alegar que tiene fe, si no tiene obras? ¿Acaso podrá salvarlo esa fe? Supongamos que un hermano o una hermana no tienen con qué vestirse y carecen de alimento diario, y uno de ustedes les dice: «Que les vaya bien, abríguense y coman hasta saciarse, pero no les da lo necesario para el cuerpo. ¿De qué servirá eso? Así también la fe por sí sola, si no tiene obras, está muerta (Santiago 2:14-17).

Más que un sentimiento

Esto es lo que los fans tienden a hacer: confunden sus sentimientos con fe. Pero tus sentimientos no son fe hasta que se expresan en acción. Esto me golpeo a mí mismo de una manera muy personal unos cuantos años atrás. Estaba despierto una noche, ya tarde, mirando la televisión y cambiando de canales, cuando di con un programa que mostraba imágenes de chicos con sus estómagos hinchados, desnutridos y muriéndose de hambre. Yo estaba allí sobre mi sofá mirando esas imágenes que estrujaban el corazón. Mis ojos se inundaron de lágrimas. Mi corazón se quebró a causa de esos niños. Realmente me conmovió. Luego de unos minutos me levanté del sofá, sintiéndome muy bien conmigo mismo como cristiano; después de todo, no cualquiera tenía un corazón tan sensible hacia los que sufren. Yo sentí algo, pero no hice nada, y esa no es la manera de creer, bíblicamente hablando. Esto es solo un ejemplo. La fe es más que un sentimiento. Como lo vemos en Hebreos 11, la fe necesita llevar una historia pegada a ella. Existe la tendencia a definirnos como seguidores basándonos en cómo nos sentimos con respecto a Jesús, pero el poder seguirlo requiere más que sentimientos. El seguirlo requiere acción.

Santiago concluye en el versículo 17 así:

> ¿De qué servirá eso? Así también la fe por sí sola, si no tiene obras, está muerta.

Mientras estudiaba sobre la palabra «creencia» me encontré con un artículo secular escrito por un psiquiatra. En ese artículo él enfocaba las creencias de sus pacientes que no tenían una base en la realidad. Un paciente bien podría creer sinceramente que era capaz volar, pero eso no significaba mucho porque no contaba con nada que lo respaldara. El paciente podía ser un marido abusador que con toda sinceridad creía que el abuso era algo malo; pero en verdad él no lo creía porque su declaración de creencia contradecía la realidad. Ahora bien, cuando el psiquiatra hablaba sobre las creencias que tenían sus pacientes, sin base en la realidad, no las llamaba «creencias».

> Una creencia, independientemente de lo sincera que sea, si no se refleja en la realidad no es una creencia, es solo una ilusión.

¿Saben cómo las llamaba? «Ilusiones». No solemos pensarlo así con frecuencia, pero aquí nos encontramos con una verdad importante que precisa que se le dé algo de atención en los círculos de la fe: Una creencia, independientemente de lo sincera que sea, si no se refleja en la realidad no es una creencia, es solo una ilusión.

PREGUNTA 2 ¿Crees que estás en el camino correcto por lo que haces?

Tan peligroso como suponer que lo que decimos por sí mismo muestra que estamos en el camino correcto es suponer que lo que hacemos por sí solo nos lleva a avanzar por el camino angosto. Notemos la manera en que los fans se defienden en Mateo 7. Le dirán a Jesús en aquel día: «Profetizamos, echamos fuera demonios y realizamos milagros». Su confianza está puesta en sus acciones justas y en sus buenas obras. Una de las maneras en que puedes saber si eres más un fan que un seguidor es esta: cuando te preguntan «¿Eres un seguidor?», lo que te viene a la mente de inmediato es el hecho de que vas a la iglesia, pones dinero cuando se recogen las ofrendas, y te ofreces como voluntario de vez en cuando.

Los ejemplos hipotéticos de justicia que Jesús elige en Mateo 7 resultan de alguna manera sorprendente. Impresionan mucho mirándolos desde donde nosotros estamos. Yo nunca he echado fuera demonios ni realizado milagros. Si aquellos hombres no pudieron entrar con la lista que llevaban, no habrá forma de que mi lista me haga entrar al cielo. Y creo que exactamente ese es el punto que Jesús trata de señalar. Daría la impresión de que Jesús con toda intención elige los logros espirituales más extraordinarios y espectaculares para dejar algo en claro: no importa cuánto bien hagamos, ni lo que logremos para el Reino, porque eso no nos convierte en verdaderos seguidores.

En última instancia la cuestión que te identificará como fan o como seguidor no es lo que digas o lo que hagas. Esas son cosas importantes, pero solo en la medida en que reflejen la respuesta a esta última pregunta.

PREGUNTA 3: ¿Conozco a Jesús y él me conoce a mí?

Esto es a lo que se llega en Mateo 7. Eso es lo que Jesús identifica como la línea divisoria. En el versículo 23 les dice a los fans «Jamás los conocí». Así que el asunto deriva hacia la relación personal con Jesús en la que tú lo conoces y él te conoce. Nosotros querríamos colocar el énfasis en lo que decimos y hacemos. Esas cosas son más mensurables. Son tangibles. Podemos señalarlas como evidencia en una sala de la corte. Pero Jesús identifica a sus verdaderos seguidores basado en una relación íntima. Lo que decimos y lo que hacemos fluye de la relación que tenemos con él.

Cuando llevo a mi esposa a cenar los dos solos, ella no deja que me siente frente al televisor en el restaurante. Sabe que me voy a distraer mirando lo que pasen allí. Pueden ser deportes o un programa especial sobre tejido; de todos modos captan mi atención. Yo en realidad no veo un problema en eso. Si se produce una pausa en la conversación y no tenemos nada sobre lo que hablar, ¿qué daño hace ver un poco de televisión?

En verdad nunca comprendí por qué eso resultaba toda una cuestión hasta que una noche en la que salimos a cenar quedé absorto mirando a dos parejas sentadas en diferentes mesas. En una de las mesas había una pareja joven, y resultaba claro que estaban enamorados. Pueden haber sido recién casados, pero me inclino más por que aún estuvieran noviando. Se habían sentado del mismo lado de la mesa, acurrucaditos, hablando sin parar, y riendo de las bromas del otro. La comida se les estaba enfriando. No les importaba. Cerca de ellos había una pareja mayor, y yo imaginé que habrían estado casados por décadas. No decían una sola palabra. Nada. Yo los miraba mientras ellos permanecían allí en silencio, sin decir nada. Finalmente le mencioné eso a mi esposa, y señalé: «Mira eso. ¿No es algo triste? Las cosas comienzan así, como con la pareja joven, hablando, hablando, hablando, con mucho que decirse, con mucho que compartir, y luego, décadas después, nos encontramos con una pareja mayor que solo se sienta en silencio. Es triste». Y mi esposa dijo: «Lo veo como algo tierno».

Asentí levemente con mi cabeza, en silencio, intentando mostrarme agradable, pero me sentía más confundido que nunca. Y entonces me cayó la ficha, o al menos creo que fue así. Era tierno porque no tenían que decir nada. El estar juntos, enfocados el uno en el otro, aun en silencio, era un cuadro del tipo de relación que ella deseaba. Si me preguntaran a mí, yo hubiera señalado el hecho de que la llevaba a cenar los dos solos a un restaurante como prueba de que soy un buen marido, pero en lo que a ella concierne, eso no significa gran cosa. Si no cuenta con mi atención, ni siquiera califica como una salida de los dos. Podríamos ir al mejor restaurante de la ciudad y yo podría hacerle un regalo caro, pero nada de eso significaría mucho si mi esposa no sintiera que yo solo deseo estar con ella, conocerla, y permitir que me conozca. Más que mis palabras, más que mis acciones amables, lo que ella quiere es mi corazón. Quiere conocerme.

Realmente este constituye un indicador del amor de Dios por nosotros. Más que nuestros actos piadosos, más que adherir a la religión, más que observar las reglas y rituales, más que nuestras palabras de afecto, Dios simplemente quiere conocernos y que lo conozcamos. Y en última instancia, esa es la manera en que se definirá nuestra relación con él. Y si eso no existe, todas las profecías, exorcismos y milagros del mundo no tendrán ninguna importancia.

Un tiempo atrás estuve con un hombre y su esposa que habían estado casados durante más de veinte años, pero que se habían separado y se encaminaban hacia el divorcio. Sentado, los escuchaba discutir el uno con el otro. Ella lo acusaba de haber sido un marido ausente y de no haber estado disponible en lo emocional. Él estaba a la defensiva y recitaba toda una lista de cosas que había hecho por ella. «¿Qué más podría haber hecho? Trabajo duro para poder pagar todas las cuentas. ¡Sin que me lo pidieras salí a comprarte un nuevo vehículo todo terreno! ¡En la casa hago más de lo que me corresponde! ¿Por qué no le cuentas a Kyle quién lava la ropa en nuestra casa? ¡Llevo a la familia de vacaciones todos los años! ¡Hasta ayudo a entrenar al equipo de fútbol de nuestro hijo, porque tú deseabas que lo hiciera! ¡Nunca te he engañado! ¡Ni siquiera he flirteado con otra mujer!» Y cerró con un dramático: «¿Qué más quieres de mí?».

Ella se mantenía en silencio. Giró la cabeza y miró hacia un costado evitando a su marido. Cerró los ojos y sacudió la cabeza algunas veces. Abrió los ojos, pero continuó mirando hacia la pared. Entonces dijo: «Solo siento como que ni siquiera te conozco».

Detente por un momento y pregúntate: ¿Jesús me conoce? Porque llega el día en el que muchos que han dicho y hecho lo correcto escucharán a Jesús decir: «Jamás los conocí. ¡Aléjense de mí!».

Otra vez les digo, por favor entiéndanme, no estoy intentando volverlos paranoicos. Creo que la Biblia enseña acerca de la salvación. Creo que somos salvos por la gracia de Dios a través de la fe en Jesucristo (Efesios 2:8). Creo que solo Dios es el que nos guarda de caer (Judas 1:24). Creo que nada nos puede separar del amor de Dios (Romanos 8:38-39). Pero también creo que la Biblia enseña claramente que habrá aquellos que creen que son salvos y no lo son. Ellos viven sus vidas con una falsa seguridad de su salvación. Piensan de ellos mismos como seguidores; pero llegará un día en el que serán declarados como nada más que fans.

Luego de predicar por primera vez este mensaje acerca de que «no soy fan», tuve una experiencia con un miembro nuevo de nuestra iglesia que me convenció de que toda la iglesia necesitaba escucharlo. Comenzó cuando un joven padre soltero empezó a asistir a nuestra iglesia. Había crecido en la iglesia y había tomado decisión por Jesús siendo un niño, pero nunca se había comprometido con él en realidad. Luego de unos pocos meses de asistir a la iglesia se jugó el todo por el todo. Se enamoró de Jesús. Descubrió la perla de gran precio, que valía todo lo que tenía. El cambio de su vida fue espectacular. Su relación con Jesús le dio vuelta la vida. Antes de seguir a Jesús, su vida consistía, según sus palabras, en «salir, beber, fumar hierba y correr tras las chicas». Con más frecuencia se presentaba a trabajar con resaca que fresco. Estaba lleno de odio y no sabía por qué. Sentía que caminaba en círculos, sin propósito alguno, solo deslizándose por la vida sin una meta. Pero el seguir a Jesús produjo un cambio radical en su vida. Cuando uno pasa unos pocos minutos con él resulta fácil descubrir el gozo que ha encontrado en Cristo. Está constantemente en la iglesia, sirviendo de todas las maneras que puede. Es un papá soltero con muchas luchas financieras, pero desde que se convirtió en cristiano determinó que no trabajaría en el horario de las reuniones de la iglesia, aunque lo necesitara. Comenzó a dar generosamente aun cuando su situación fuera muy justa.

No hace mucho me pidió que en algún momento compartiera un café con él y su madre. No conocía a su mamá pero le dije que me reuniría con ellos. Cuando los tres nos sentamos a tomar un café creí saber de qué quería hablarme ella. Sabía que ella concurría a otra iglesia de la ciudad y supuse que deseaba encontrarse conmigo para agradecerme. Pensé que quería expresar su aprecio por lo que estaba sucediendo en la vida de su hijo. Pero ese no era el caso. Estaba enojada con él. Me culpaba y culpaba a la iglesia porque, según decía, «Mi hijo ha llevado esto demasiado lejos». No le agradaba que dedicara tanto tiempo a la iglesia. Algunos de sus parientes estaban molestos por su deseo de orar siempre antes de las comidas familiares. Él no se mantenía callado con respecto a los sermones y andaba distribuyendo CDs de los mensajes. Ella tampoco creía que fuera sabio que diera a la iglesia parte de su dinero, ganado con tanto esfuerzo. Y además, últimamente él había estado hablando de ir en un viaje misionero. Luego de presentar su caso en cuanto a que él había llevado esto demasiado lejos, con un tono de frustración me preguntó: «¿No podría usted explicarle, por favor, que la Biblia enseña a hacerlo "todo con moderación"? ¿Puede por favor decirle que no tiene por qué ser todo o nada?».

Yo traté de mantener una sonrisa amable, pero tenía los dientes apretados y la respiración entrecortada. Sentía la necesidad de defender a mi amigo. Podía percibir que las cejas se me arqueaban y ví que los orificios de mi nariz lanzaban llamas. Así que hice lo que hago siempre que me enojo: comencé a citar escrituras del Apocalipsis. Le dije a esa señora que había estado en la iglesia la mayor parte de su vida: «En Apocalipsis 3 Jesús les dice a los cristianos de Laodicea: "Por tanto, como sé que no eres ni frío ni caliente, sino tibio, estoy por vomitarte de mi boca". Jesús no dice: "Todo con moderación"; él dice que no podemos ser sus seguidores si no lo dejamos todo. Su invitación es una invitación a todo o nada».

Jesús ha definido la relación que desea tener contigo. No está interesado en tener admiradores entusiastas que lo practican todo con moderación y no se dejan llevar por nada. Él desea seguidores comprometidos por completo.

una invitación a seguir

(versión no editada)

a cualquiera:
una invitación abierta

El recorrido de ser un fan a ser un seguidor comienza identificando al fan que llevamos adentro. Para ayudarnos en este cometido, nos hemos introducido en la escena de diferentes encuentros que Jesús mantuvo con distintas personas durante el tiempo en el que caminó por la tierra. Inevitablemente Jesús los ponía en una situación en la que tenían que definir su relación con él: ¿Era algo informal o había compromiso? Muchos de ellos quedaron expuestos como nada más que fans o, en el mejor de los casos, como simples admiradores entusiastas de Jesús. Porque no se trata de que los fans no deseen tener una relación con Jesús; es que quieren que la relación con él se dé en sus propios términos. La pregunta que en verdad nos debemos hacer es esta: ¿Qué tipo de relación es la que Jesús desea mantener con nosotros?

Eso es lo que importa. ¿Cuáles son sus términos? Según lo que él dice, ¿qué significa seguirlo?

Es muy posible que si tú has memorizado un versículo de la Biblia este sea Juan 3:16. Es un versículo tremendo que nos habla de una bellísima verdad. Ahora mismo, ¿puedes decirlo de memoria sin mirar el texto? Lo voy a escribir como para que lo completes.

Porque tanto _____ Dios al _____ que dio a su _____, para que todo _____ en él no se pierda, sino que tenga vida _____.

Existe una razón para que este sea el texto más citado de la Biblia.[1] En ese versículo leemos que Dios nos ama, que Jesús murió por nosotros, y que podemos tener vida eterna a través de él. No resulta infrecuente ir a un evento deportivo de algún tipo y ver que alguien levanta un cartel con la leyenda «JUAN 3:16».[2] Pero nunca he visto a nadie llevando un cartel que dijera: «LUCAS 9:23». Veamos, repítelo ahora sin mirarlo. Este es un poco más difícil. Pero Lucas 9:23 también registra palabras de Jesús. De hecho, a diferencia de Juan 3:16, las palabras de Jesús que aparecen en Lucas 9:23 han sido registradas en tres de los cuatro Evangelios. Son estas:

> Si alguien quiere ser mi discípulo, que se niegue a sí mismo, lleve su cruz cada día y me siga.

¿Se dan cuenta por qué ninguno lo escribe en un cartel ni lo levanta en un partido? No parece ser una publicidad referida al cristianismo que resulte demasiado atractiva. Versículos de esta índole quizás dificulten el reclutamiento de nuevos cristianos. Pero la verdad es que Juan 3:16 y Lucas 9:23 deben ir juntos para que haya una comprensión apropiada de la invitación del evangelio.

Juan 3:16 enfatiza el creer.

Lucas 9:23 enfoca el cómo seguir.

Estas dos cosas necesariamente deben ir juntas. No hay un creer sin un seguir. No hay un Juan 3:16 sin un Lucas 9:23.

En la primera parte identificamos cómo están las cosas en cuanto a nuestra relación con Jesús. En esta parte descubrimos a dónde quiere llevarnos él cuando decidimos seguirlo. Estos próximos capítulos

---

[1] Una investigación llevada a cabo mostró que el versículo de la Biblia que más se ha memorizado es: «Dios ayuda a los que se ayudan». Hmm... eso era de Benjamin Franklin.

[2] Mi cartel favorito entre los que he visto en algún partido es este: «El tipo que está detrás de mí no puede ver».

analizarán la invitación de Jesús a seguirlo a partir de Lucas 9:23. En ese pasaje Jesús traza con claridad las expectativas que tiene en cuanto a sus seguidores. Este versículo define la relación que Jesús desea mantener con ellos. Explica en detalle cuáles son sus términos para que nosotros sepamos con exactitud cuáles son las cosas a las que asentimos cuando tomamos la decisión de seguirlo.

Alguien quiere decir todos

Jesús inicia su llamado a seguirlo con estas dos palabras: Si alguien...

Alguien es una palabra significativa porque deja en claro a quiénes está invitando. Y él invita a alguien, a alguno. Alguien es una palabra inclusiva. Alguien quiere decir todos. Jesús no comienza con una lista de prerrequisitos. Su invitación a seguirlo va dirigida a alguien, a alguno, a cualquiera. Mucha gente no se da cuenta de que ha sido invitada a seguirlo. Porque piensan: «No puede ser luego de lo que he hecho. Él no querría que yo lo siguiera. Nunca resultaré aceptable». Suponen que no están calificados y como resultado, nunca toman en serio lo que significa seguir a Jesús. Después de todo, ¿qué sentido tiene llenar una planilla de admisión cuando uno sabe que no resultará aprobado?

Algunos años atrás, mi esposa compró un sofá blanco de dos cuerpos para colocarlo en una sala de nuestra casa que tiene una alfombra blanca. Debo decirles que nosotros no colocamos esa alfombra blanca; fue una encantadora decisión de la pareja sin hijos que ocupó la residencia antes que nosotros. Mi esposa justificó la compra del sofá blanco porque era tan barato que hubiera sido de mala administración no comprarlo. Así que tuvimos un sofá blanco sobre una alfombra blanca. Pero mi esposa dictaminó una ley y se aseguró de que nuestros niños supieran que no se les permitía usar la «sala blanca». Pareció funcionar bien hasta que un día mi esposa, al arreglar el cuarto, descubrió un secreto que alguien había estado ocultando. Se le ocurrió dar vuelta uno de los almohadones del sofá y allí encontró una mancha. Me llamó a la sala y me mostró la mancha de barniz de uñas color rosa sobre el almohadón blanco. No se la veía feliz. Llamamos a las niñas al cuarto. Ella había dado vuelta de nuevo el almohadón de modo que no se viera la mancha. Estaba a punto de iniciarse el interrogatorio cuando, al extender yo la mano hacia el almohadón para dejar al descubierto la mancha, Morgan, mi hija del medio, se quebró. Dio media vuelta y corrió hacia arriba por las escaleras.

Muchos de nosotros ocultamos algunas manchas. Nuestro peor temor es que alguien dé vuelta el almohadón y descubra aquello que intentamos ocultar. Y como Jesús sabe acerca de nuestras manchas, pensamos que eso nos descalifica. Con seguridad nuestras manchas han ocasionado que se tachen nuestros nombres de la lista de invitados a ser seguidores de Cristo. Él no querría que lo fuéramos.

Si alguno de sus seguidores más cercanos alguna vez se sintió así, ese tiene que haber sido Mateo. Cuando Mateo apareció en escena ya hacía mucho tiempo que había dejado de tratar de esconder sus manchas. Esas manchas eran lo bastante significativas como para que su familia y amigos lo hubieran tachado de la lista. Para mencionar algo, él era una gran decepción para sus padres. Ellos tenían planes muy distintos para su hijo. Lo sabemos porque Mateo tenía otro nombre: Leví. El haberle dado ese nombre significaba que sus padres esperaban que sirviera al Señor como lo hacían los levitas del Antiguo Testamento. Desde su nacimiento había sido apartado para convertirse en un líder espiritual de la nación de Israel. Es probable que el padre, el abuelo y el bisabuelo de Mateo fueran todos sacerdotes que servían al Señor. A la edad de doce años, ya Mateo debía haber memorizado los primeros cinco libros de la Biblia. Es posible que Mateo hubiera intentado convertirse en discípulo de algún rabí. Pero si es que alguna vez presentó su solicitud de admisión, esta fue rechazada. No resultó aprobado. Mateo había reprobado el examen en la escuela de los rabíes. No daba la medida.

Sea lo que fuere que sucedió, sabemos que algo salió decididamente mal. En lugar de servir al Señor, él determinó servirse a sí mismo. Le dio la espalda a su propia gente y se convirtió en un recolector de impuestos para los romanos. En esencia, la descripción de la tarea que realizaba era sacarle dinero injustamente a la gente de su pueblo y entregárselo al gobierno romano. Aun cuando recaudara los impuestos de una manera justa, estaba trabajando para el enemigo. Pero en aquellos días no existían los recaudadores de impuestos honestos. Engañaban a la gente para forrarse los propios bolsillos con dinero ajeno. Un recaudador de impuestos era considerado como un marginado social y un marginado religioso. Ceremonialmente se lo consideraba impuro; ni siquiera se le permitía entrar al atrio exterior del tabernáculo. Su nombre se había tachado de la lista de miembros.

Tú y yo tenemos mucho en común con Mateo. Tal vez no estés robándole el dinero a tus semejantes, pero todos nos hemos convertido en una gran decepción. No damos la medida; no resultamos aceptables. La Biblia dice en Romanos que todos hemos pecado y estamos destituidos de la gloria de Dios. Hemos dicho cosas que no deberíamos haber dicho. Hemos hecho cosas que desearíamos no haber hecho. Y aunque hemos frotado con energía la mancha, no la hemos podido sacar.

No puedo evitar preguntarme si en un intento por ignorar las manchas de su vida, Mateo había elegido llevar una existencia de recaudador de impuestos. Eso suele suceder cuando hacemos malas elecciones, ¿no es así? Un error va formando una bola de nieve que desemboca en el siguiente error, y al tiempo uno piensa: «¿Qué sentido tiene? ¿Para qué siquiera intentarlo?». Cualquiera haya sido el pasado de Mateo, él llegó a un punto en el que ni siquiera intentaba esconderlo.

Todos los días Mateo se sentaba en su cabina de recaudador de impuestos ubicada en una calle muy concurrida. Cuando era un muchachito en crecimiento nunca imaginó que las cosas saldrían así. En los momentos en los que era sincero consigo mismo, tal vez tarde a la noche mientras miraba el techo, debía sentirse lleno de culpas y de remordimientos. ¡Si tan solo hubiera podido comenzar de nuevo y hacer las cosas de otro modo! ¿Pero qué podía hacer ahora? Las manchas ya estaban instaladas allí. Nunca saldrían.

Justo cuando yo iba a girar el almohadón, Morgan dio media vuelta y corrió. Subió las escaleras y se escondió. Yo la seguí. La llamé varias veces. Ella no respondió. Comencé a buscarla en los cuartos y después de un rato la encontré dentro de su guardarropas, con la cabeza enterrada entre las rodillas. La escuché llorar. No quería levantar la cabeza. Me senté en el piso del guardarropas junto a ella y le puse la mano en la espalda. Me preguntaba cuál creía ella que sería mi reacción. ¿Imaginaba que me enojaría? ¿Pensaría que iba a gritarle? ¿Tenía miedo de que no la amara más? Descendimos juntos al piso inferior y ella nos contó a su mamá y a mí lo que había sucedido. Dejó salir el secreto que había estado guardando por meses. Había salpicado el barniz de uñas y luego había intentado limpiarlo. Frotó y frotó, pero la mancha se hizo peor.

Luego dio vuelta el almohadón para esconder lo que había hecho. Dijo que sentía nauseas cada vez que nosotros entrábamos a ese cuarto. Temía que pudiéramos descubrirla. Y luego hizo una pregunta que nos derritió. Levantó sus grandes ojos pardos llenos de lágrimas y nos preguntó: «¿Todavía me aman?».

Imagino que Mateo ya no hacía esa pregunta. No podía creer que Dios todavía lo quisiera. Estoy seguro de que Mateo había oído que un nuevo rabí había aparecido en escena. Su nombre era Jesús y hacía las cosas de un modo diferente. Y luego, un día, cuando Mateo estaba en su cabina de recaudador de impuestos, Jesús se detuvo y le habló. Nadie podía haber predicho lo que Jesús iba a decirle. Solo fue una palabra, pero esa palabra lo cambió todo para Mateo. Jesús le dijo: «Sígueme». ¿Un rabí judío le pedía a un recaudador de impuestos del opresor gobierno romano que fuera uno de sus seguidores? No podríamos exagerar acerca de lo impensable que les habrá resultado esa escena a los que estaban allí cerca.

Es importante comprender lo que significaba para esa cultura que Jesús fuera un rabí. Puede haber sido un rabí itinerante y poco convencional, pero no obstante era un rabí. Y un rabí era un maestro de la palabra de Dios, que en ese tiempo era el Antiguo Testamento. Los rabíes tenían un amplio conocimiento de la Torá (los primeros cinco libro de la Biblia) y de todos los escritos de los profetas.

Los rabíes también eran especiales porque contaban con un grupo de talmidim. La palabra talmid se traduce como «discípulo» o «estudiante». Así que, básicamente, todo rabí tenía una clase de estudiantes, y ese era un grupo increíblemente exclusivo. La mayoría no acababa siendo discípulo de algún rabí. Aquellos que no lograban ser aceptados, con frecuencia se dedicaban a aprender algún oficio, en general el que desarrollaba su propia familia.

Para aquellos estudiantes que deseaban convertirse en talmid de algún rabí en particular existía un proceso de admisión. Había prerrequisitos muy altos para ser tenidos en cuenta. Eran un equivalente al promedio de puntaje y a los prerrequisitos del expediente académico de una universidad o academia de elite. Si uno desea ir a Harvard, mejor es que cuente con un promedio de puntos GPA de 4.0, o un 36 en su prueba de educación terciaria ACT, o un puntaje de 2400 en su prueba de aptitud académica SAT. Sin ese nivel estadístico, probablemente no lo logrará. Lo mismo se aplicaba para un talmid que se postulara para entrar en la escuela de un rabí.

Los talmidin debían tener un conocimiento impresionante de las Escrituras, y un rabí examinaría a los candidatos a talmid pidiéndoles que recitaran un libro entero. O podrían hacerle una pregunta como: «¿Qué cantidad de veces aparece el nombre del Señor en el capítulo once de Levítico?». La selección constituía un proceso intenso y meticuloso. Y los rabíes debían ser rigurosos porque la excelencia del estudiante reflejaba la excelencia del maestro. Al maestro se lo conocía a través de sus alumnos. Si un rabí permitía que entrara cualquiera, resultaría claro que no se trataba de un maestro muy buscado. Y por el otro lado, si el grupo de los talmidim de un rabí conformaban un grupo particularmente brillante y de elite, el rabí sería respetado y admirado.

Así que los rabíes tomaban exámenes de admisión a sus seguidores. Pero esa no fue la manera en la que el rabí Jesús anduvo por ahí buscando seguidores. En lugar de que los seguidores solicitaran su admisión, Jesús los invitaba. Este enfoque de acercarse a alguien e invitarlo simplemente no era llevado a cabo por otros. Un rabí no se humillaba ni se ofrecía a sí mismo de esa manera. Un rabí no se arriesgaba al rechazo; era él quien rechazaba. Pero Jesús tomaba la iniciativa. Ya habría sido bastante escandaloso que simplemente le permitiera a Mateo seguirlo; pero en realidad fue Jesús el que le extendió la invitación. Le dijo a Mateo: «Sígueme».

Cualquiera que hubiese escuchado ese diálogo se habría escandalizado. Estoy seguro de que los otros discípulos se debieron haber sentido ofendidos. ¿Un recaudador de impuestos? No solo era un pecador; pecaba para ganarse la vida. Jesús encontró a Mateo escondido dentro de su cabina de recolección de impuestos, y cuando pasó junto a él, este esperaba que lo apuntara con el dedo y emitiera palabras de rechazo. En lugar de eso encontró unos brazos abiertos y una invitación llena de misericordia.

Morgan nos preguntó: «¿Todavía me aman?». Mi esposa se arrodilló en el piso junto a ella, y le susurró: «Morgan, nunca puedes causar una mancha tan grande como para que me lleve a no amarte». Me gustaría poder decirles que de alguna manera logramos quitar la mancha y hacer que el sofá se viera blanco de nuevo... pero esa mancha todavía sigue allí. Siempre quedará allí. Pero sucedió algo gracioso. Morgan comenzó a contar la historia del sofá blanco manchado. Le gustaba mostrarle a la gente la mancha y contar lo que había sucedido. ¿Por qué? Porque una mancha que en un momento representaba vergüenza, culpa y temor a ser rechazada, ahora representa amor, gracia y aceptación.

¿Saben por qué conocemos el pasado de Mateo como recaudador de impuestos? ¿Saben por qué estamos al tanto de que sus amigos eran borrachos, prostitutas y ladrones? Nos hemos enterado de todo eso porque Mateo nos lo contó. Nos llevó a su sala, nos mostró la mancha en el sofá y nos relató una historia de amor y gracia.

Cuando Jesús invitó a Mateo a que lo siguiera, estaba dejando en claro que era una invitación que no solo se la extendía a la elite religiosa, a los moralmente rectos y a aquellos que tenían la vida bien organizada, sino también a todos aquellos de nosotros que escondemos algunas manchas. Jesús descarta el proceso de selección elitista y hace una invitación abierta.

¿Alguna vez han visto uno de esos comerciales de concesionarios de automotores que anuncian: «¡Cualquiera puede comprar un automóvil aquí!»? Pero si uno observa cuidadosamente verá que hay un asterisco al lado de esa declaración. En la parte de abajo de la pantalla aparece de nuevo el asterisco con tres letras: «C.C.A.» (W.A.C. en inglés). ¿Saben lo que significan? «Con crédito aprobado».

Esto es lo que quieren decir por cualquiera:

Cualquiera que cumpla con los requisitos.

Cualquiera que logre pasar el proceso de aprobación.

Cuando leemos la palabra cualquiera en la invitación de Jesús no podemos evitar pensar que debe tener un asterisco al lado. Aun cuando no lo tenía cuando Jesús dijo estas palabras, parecería que a través de los años la iglesia ha colocado un asterisco junto a su invitación. El cartel ubicado en el frente de la iglesia dice: Le damos la bienvenida a cualquiera que llegue. Pero si uno mira cuidadosamente, encuentra el asterisco. Resulta que cualquiera quiere decir gente que parece tener su vida ordenada y no presenta luchas perceptibles. Cualquiera no incluye a aquellos que luchan con adicciones o que han pasado por un divorcio. Cualquiera implica aquella gente que se viste adecuadamente. Cualquiera significa aquellos que proceden de ciertos trasfondos sociales y económicos, que están afiliados a un determinado partido político y que muestran inclinación por un cierto estilo de música.

Cuando yo residía en California, tenía unos pocos amigos que vivían en lo que se llaman «condominios cerrados». Para entrar en sus vecindarios uno tenía que pasar por una puerta custodiada. En una ocasión en que fui a visitar a un amigo, el guardia de seguridad me detuvo. Se mostraba reticente a permitirme el ingreso. Yo no me había afeitado por unos días y llevaba puesto un gorro de béisbol. No solo eso, tenía un moretón feísimo en la cara debido a que me habían golpeado jugando al paintball algunos días antes. Y conducía un Plymouth Breeze destartalado. Debido a un desafortunado accidente contra un buzón (que no había sido culpa mía) el espejo del costado del automóvil estaba pegado con cinta adhesiva para sostenerse en su lugar. Cuando me acerque a la entrada probablemente la música que escuchaba sonara un poco fuerte. Al guardia de seguridad no le agradó verme. No me dijo: «¡Bienvenido! ¡Pase!». No me saludó con un cálido abrazo. Yo le dije que había venido por invitación de un amigo de ese barrio. Él se mostró escéptico. Quiso saber cómo me llamaba, dónde vivía y cómo había conocido a la persona que me había invitado. Tomó mi licencia de conducir y la examinó como si tuviera una conexión con explosivos. Finalmente llamó a mi amigo, que confirmó su invitación y entonces me dejó pasar. Pero no porque quisiera hacerlo. Claramente desaprobaba mi presencia allí.

Eso sucede a veces en nuestras comunidades eclesiales. Decimos que cualquiera puede ser un seguidor, pero no queremos decir cualquiera en verdad. Hace poco recibí la siguiente carta de parte de una dama de nuestra iglesia que contaba acerca de una experiencia que había tenido durante el fin de semana. Decía esto:

> *Esto sucedió quizá cinco minutos antes de que el servicio comenzara. Una mujer joven, probablemente de unos veinticinco o treinta años, se aproximó a mí con su hijo de unos diez años, con una apariencia de «ciervo paralizado por las luces de un automóvil». Nunca había estado aquí y se la notaba ansiosa. La llevé hasta el mostrador de ingreso a*

la clase de niños. En el camino me dijo que se había divorciado hacía seis años y que luego de eso no fue más bienvenida en la iglesia a la que asistía. No había concurrido a una iglesia desde ese entonces. Se podía percibir temor y culpa en su voz. Estaba terriblemente nerviosa. Le mencioné que yo había estado divorciada, y que como mamá sola sabía lo duro que era eso. Una vez que su hijo estuvo en la clase, le pregunté si quería sentarse conmigo durante el culto. Al escuchar mi invitación, me preguntó: «¿Se me permite entrar allí?». Señaló hacia el santuario. «No soy miembro». Le dije que sí lo era.

Cuando llegamos a nuestros asientos, el servicio ya había comenzado y todos estaban de pie, cantando. Luego de la canción el líder de alabanza oró y las primeras palabras que salieron de su boca fueron: «Dios, gracias porque independientemente del sendero por el que nos haya llevado la vida, tu puedes redimirnos y perdonarnos». A partir de eso, las lágrimas comenzaron a fluir de sus ojos y no pararon a través de todo el servicio. Pude ver cómo el temor y la culpa se desvanecían. Al final del servicio usted hizo una invitación y pidió que cualquiera que deseara hablar más acerca de rendir su vida a Cristo pasara al frente y se encontrara con usted. Luego nos pusimos de pie para las canciones de cierre del culto. Hacia el final de la primera canción ella se mostraba un poco inquieta y yo supuse que probablemente quería ir a buscar a su hijo y encaminarse hacia su automóvil. Me volví para preguntarle si se estaba por ir, pero antes de que tuviera oportunidad de hacerlo, ella abrió la boca y dijo: «¿Es preciso que vaya hacia allí y hable con él si deseo tomar esa decisión?». Le dije que ese sería un buen lugar en el que comenzar. Simplemente me respondió: «Quiero hacerlo». Le pregunté si quería que la acompañara y me dijo que sí. Así que ambas caminamos hacia el frente.

A partir de allí yo puedo contarles el resto de la historia. La saludé en el frente y pude ver lágrimas en sus ojos. Se inclinó hacia adelante para susurrar en mi oído: «No sé si se me permite responder a la invitación. Pasé por un divorcio algunos años atrás y mi antigua iglesia no quiso seguir teniéndome allí». O sea, se la había detenido en la puerta de entrada y se le había dicho que no cumplía con los requisitos. El almohadón había sido dado vuelta y alguien había determinado que su mancha era demasiado grande.

Jesús invita a cualquiera, a cada uno, a que lo siga; pero cuando esa persona llega a la iglesia encuentra un asterisco. El mensaje, no muy sutil, es el siguiente: Tenemos que permitirte entrar porque Jesús nos ordenó hacerlo, pero vamos a estar vigilándote. No puedo evitar preguntarme si esa era la forma en la que se sintieron los otros discípulos cuando Jesús invitó a Mateo. ¿Y qué de sus calificaciones? ¿Qué de su historia pasada? Jesús, seguramente tú no quieres decir cualquiera en realidad, ¿no es cierto? Pero cuando Jesús dice cualquiera, resulta que a lo que él se refiere es a cualquiera.

Así que allí estaba Mateo, sentado en su cabina de recaudación de impuestos, meditando sobre la oferta de este rabí. No cabe duda de que Mateo estaba al tanto de lo que involucraba esa invitación. Comprendía que significaba abandonarlo todo. Él había recibido una invitación y no había forma de responderla y continuar siendo el mismo. Decir que sí en cuanto a seguir a Jesús implicaba decirle que no a sus negocios lucrativos.

Cualquiera puede seguir a Jesús, pero no sin abandonarlo todo.

Jesús dijo

«Sígueme».

Mateo 9:9 simplemente declara:

... Mateo se levantó y lo siguió.

En estos días, la gente no conoce al Mateo del fracaso y la vergüenza, que vendió su alma a los romanos por un trabajo. Conocemos a Mateo como el seguidor de Jesús que escribió el primer libro del Nuevo Testamento.

Resulta importante comprender que la gracia de Dios no nos invita a simplemente a seguirlo; nos enseña cómo seguirlo. El solo hecho de que Mateo hubiera decidido dejar atrás su pasado y comenzara a seguir al Señor no lo hacía perfecto. Lejos de ello. Aun después de que decidimos seguir a Jesús, continuamos necesitando su gracia para el camino. Hay muchos días en los que me encuentro a mí mismo viviendo como un fan, pero cada mañana recibo la misma invitación llena de gracia que Jesús le extendió a Mateo: «Sígueme».

Entonces, ¿quién está invitado a seguir a Jesús? Cualquiera.

¿Y si tiene un pasado sexual? Cualquiera.

¿Y si es un ex convicto? Cualquiera. ¿Y si actualmente está preso? Cualquiera.

¿Y si se ha divorciado recientemente? Cualquiera.

¿Si es republicano? ¿Si es demócrata? Cualquiera.

¿Y si es alcohólico? Cualquiera.

¿Si fuma marihuana? Cualquiera.

¿Si es un adicto? Cualquiera.

¿Si es un hipócrita? Cualquiera.

Me pregunto si tú habrás pasado por un momento como el de Morgan, o como el de Mateo. Momento en el que se dio vuelta el almohadón. En que la mancha quedó expuesta. En que se vio que eras culpable. Y tú sabes lo que mereces. Sabes lo que se te viene. Pero las palabras de Jesús son palabras llenas de gracia. Él dice: «Sígueme». Tú piensas: «Debe haber un error. ¿No sabe quién soy yo? ¿No sabe lo que he hecho?» Sí, él sabe lo de las manchas. De hecho, él murió en la cruz para que nuestras manchas pudieran ser lavadas completamente y quedaran más blancas que la nieve. Y a causa de su gracia, nos encontramos en la misma encrucijada que Mateo.

La invitación de Jesús a seguirlo comienza con un: «Si alguien...»

Y resulta que alguien significa alguien.

Alguien se refiere a mí. Alguien se refiere a ti.

La historia de alguien que no es un fan

Tim Hartlage

La gente solía llamarme «el hombre de la cerveza». Ese tipo de cosas suceden cuando uno tiene éxito en el negocio de la cerveza. Y cuando digo «éxito», quiero decir precisamente eso: cantidad de dinero, un par de botes, un segundo hogar, y tres automóviles. Por supuesto, tenía que trabajar más horas que la mayoría de las personas y no lograba ver con tanta frecuencia a mi familia, pero no me importaba. Yo pensaba que ya lo tenía todo resuelto. Al mirar hacia atrás, me resulta claro ahora que estaba perdido de muchas maneras, pero en ese tiempo pensaba que iba por el camino que todos los demás desearían ir. Y en cuanto a mi matrimonio, bueno, yo actuaba más como marido del negocio de la cerveza que de mi esposa. Sin embargo, no lograba ver hacia dónde me dirigía.

Todo cambió cuando tuve un encuentro con un hombre llamado Art Nobles. Art es un cristiano radical, del tipo de los que hacen cosas locas para lograr que la gente que está lejos de Dios despierte y preste atención. En una convención en Nueva Orleans, vi a Art cargando una gran cruz. Literalmente. Iba por ahí con ese enorme trozo de madera que le resultaba físicamente pesado de llevar. Le dije que le causaría daño cargar esa cosa, pero entonces Art se dio vuelta, me miró a los ojos y me respondió: «Dios tiene un plan para tu vida».

Por alguna razón, durante los siguientes tres meses no me pude quitar ese pensamiento de la cabeza. Dios tenía un plan para mi vida. ¿Qué significaba eso? ¿Cuál era ese plan para mí? Dos años después de que Art plantara esa semilla, mi esposa y yo fuimos invitados a una representación para las festividades de Pascua. Antes de tener el chance de rechazarla, mi esposa ya había aceptado que fuéramos. Yo me sentía mucho menos que entusiasmado de estar allí esa noche, pero una vez que comenzó, la historia de la vida de Cristo me tocó adentro muy profundamente. Al ver la forma en que Jesús se había sacrificado por mí, la forma en que había sufrido y en que había sido puesto bajo presión por mí, me sentí conmovido. Y al considerar la manera en que Art Nobles se sacrificó y esforzó solo por lograr mi atención, me di cuenta de la seriedad que tenía el creer en Cristo. Supe que Jesús me estaba llamando a seguirlo, pero me di cuenta de lo que significaba eso. Implicaría dejar atrás mi carrera y mi título de «hombre de la cerveza». No había manera en que pudiera seguirlo sin apartarme de lo otro. Yo había trabajado duramente para mí mismo y para el negocio de la cerveza, pero en estos días dedico todo lo que tengo a ser un seguidor de Jesucristo. Nunca hubiera imaginado que Jesús pudiera usar a alguien como yo para formar parte de los que invitan a otros a seguirlo. Pero en estos días «el hombre de la cerveza» está siendo conocido como un seguidor de Jesús que se encarga de una estación de radio cristiana que difunde la invitación de Jesús a miles de personas cada día. Mi nombre es Tim Hartlage, y no soy un fan.

ven en pos de mí:
una búsqueda apasionada

Quiero llevarte a la primera vez en que permitiste que alguien del otro sexo supiera que sentías algo por él o ella. Para la mayoría de nosotros la primera vez que experimentamos algo así fue en algún momento entre el quinto y el séptimo grado.

Antes de eso, cuando estábamos en primer grado o en segundo, sabíamos que había una diferencia entre los niños y las niñas. Habíamos visto bastantes películas de Disney como para saber que los niños y las niñas se gustan entre ellos. Pero en lugar de considerar al otro sexo con afecto, pensábamos: Son desagradables. Manteníamos distancia por temor a contagiarnos los piojos. Cuando nos volvimos un poco más grandes nos sentimos extrañamente atraídos por esas criaturas desagradables. Teníamos ciertos sentimientos, pero no sabíamos que hacer con ellos. En lugar de decir Son desagradables, decíamos Tengo que hacerlas sufrir, y expresábamos nuestro afecto golpeándolas y causándoles daño corporal. Pero luego, finalmente sucedió: pasamos del Son desagradables al Tengo que hacerlas sufrir y luego al Tengo que conseguirme una de esas.

Fue en quinto grado que uno de mis amigos hizo esa transición. Su nombre era Nat y una chica de nuestra clase lo tenía mal. Nat era un buen compañero mío. No solo estaba en mi clase de la escuela, sino que también vivía un poco más allá en la misma calle. Durante años anduvimos en bicicleta después de clases, fuimos a nadar en verano y nos deslizamos por la nieve en invierno. Pero de pronto las cosas cambiaron cuando Nat tuvo una noviecita. El resto de los varones pensamos que se había vuelto loco. No comprendíamos por qué sacrificaba el jugar al Nintendo por hablar con aquella niña por teléfono. No podíamos creer que le pasara notitas de amor durante la clase. ¿Cómo podía estar sucediendo aquello? Todo lo que yo podía hacer era menear la cabeza con incredulidad cuando veía a Nat sentado ante la mesa del almuerzo escribiéndole un poema a su nueva noviecita. El punto crítico se presentó un día en el recreo cuando en lugar de jugar al fútbol vimos a Nat realizar con su noviecita un juego de golpeteo de manos. Unos cuantos muchachos de quinto grado intentamos llevar a cabo lo que podría considerarse una «intervención grupal». Procuramos mostrarle la necedad de sus acciones. «Nat, todo lo que haces es hablar con ella o escribirle. Has gastado el dinero que tanto te costó obtener cortando césped en comprarle un reloj. ¿Qué es ese olor que tienes? Hueles a Old Spice, ¿no es así? ¿Qué te ha pasado? Estás en una situación embarazosa». Nat procuró hacernos entender lo que sentía. Pero yo no podía comprender que pudiera suceder algo semejante. Sin embargo, decididamente había pasado algo. Y llegó el tiempo en que lo comprendí. El primer día del nuevo año escolar yo estaba en mi escritorio ocupándome de mis cosas, cuando una chica llamada Cari entró a la clase. De repente, todo lo que Nat había estado haciendo tuvo completo sentido. Cari no era una estudiante nueva, pero algo había sucedido durante el verano, y yo me dije: «¡Tengo que conseguirme una de esas!». Hay algunas cosas que uno debe experimentar para poder entenderlas. No tienen sentido hasta que a uno le suceden.

Lo que sigue de la invitación de Jesús a seguirlo en Lucas 9 puede tener mucho sentido para los seguidores, pero les resultará un poco loco a los fans. En Lucas 9:23 Jesús define la relación que él desea tener con nosotros. Deja en claro lo que significa ser un seguidor:

> Si alguien quiere ser mi discípulo, que se niegue a sí mismo, lleve su cruz cada día y me siga.

La expresión sobre la que quiero llamarles la atención es que «me siga». Se trata de una expresión comúnmente usada en el contexto de una relación romántica. Cuando Jesús habla de ir detrás de él, describe la apasionada búsqueda de alguien al que uno ama. Así que la mejor manera de comprender lo que Jesús desea de nosotros como seguidores es comparar la manera en que buscamos a Jesús con la forma en que buscamos a alguien con quien deseamos mantener una relación romántica. Al igual que Nat, muchos hemos hecho cosas ilógicas e irracionales en la búsqueda apasionada de alguien al que amamos. Es una búsqueda que fácilmente ocupa todos nuestros pensamientos y consume nuestros recursos y energías. Eso es lo que Jesús busca de un seguidor al decir «Si alguien desea ser mi discípulo».

Locas historias de amor

En nuestro mundo, la tendencia es que la relación más apasionada en cuanto a búsqueda sea la relación romántica. Vivimos rodeados de mensajes que enfatizan el amor romántico como la experiencia humana cumbre. La búsqueda del amor constituye el tema de incontables libros. Ha inspirado hermosas obras poéticas y pictóricas. Conforma la trama central de incontables películas. Es el tema de casi todas las canciones. Quién podría olvidar a Whitney Houston cantando «I will always love you», o a Celine Dion con su «My heart will go on». Aun si uno quisiera olvidarlas, resultaría difícil. Los Beatles cantaban «And I love her». Stevie Wonder declaraba «You are the sunshine of my life». Y además está aquel clásico de Meatloaf, «I'd do anything for love». Canta acerca de lo lejos que iría en la búsqueda de ese amor. «Haría cualquier cosa por amor. Iría hasta el infierno y volvería. Haría cualquier cosa por amor... Pero no haré eso...». Nunca supe que era «eso»... ¿No haré qué? No estoy seguro de qué es lo que Meatloaf no haría: tal vez no compartir el control remoto, bajar la tabla del inodoro, depilarse las cejas, cambiar de nombre. Pero haría muchísimo por lograr el amor. Estaba dispuesto aun a correr hasta el infierno ida y vuelta.

La búsqueda del amor romántico nos lleva a hacer cosas locas. Cuando yo estaba saliendo con la que pronto sería mi esposa, ella me pidió prestado el automóvil para visitar a su familia que vivía a unos 130 kilómetros del lugar en el que asistíamos a la universidad. Solo se fue por un día y yo ya la extrañaba y deseaba estar con ella. Me desperté en medio de la noche y no pude dejar de pensar en su persona. Deseaba verla y decirle que la amaba. Tenía que hacer algo. Mi compañero de cuarto dormía en su cama del otro lado del cuarto. Lo desperté y le conté mi dilema, pero él no podía hacer nada para ayudar porque no tenía automóvil. De pronto, tuve lo que me pareció una idea brillante. Le dije: «¿Qué te parece si nos vamos en bicicleta a su casa?».

Lo apoyó, pero ese nuevo plan nos presentaba un problema similar al anterior: ninguno de los dos tenía bicicleta. Entonces mi compañero me recordó las bicicletas estacionadas en el campus. Decidimos que estaría bien «tomarlas prestadas» para nuestro viaje.

Al no saber nada de bicicletas, agarré la primera que vi, que resultó ser una especial de Walmart. Sucede que esa no es la bicicleta que debería haber escogido para un viaje de 130 kilómetros por los caminos planos de Kansas, que presentan un viento constante de frente. Luego de andar durante horas, decidimos detenernos y hacer una siesta en una zanja que había al costado del camino. Mientras dormíamos, un agente de policía nos vio y se estacionó para investigar. Me despertó colocándome la bota en el hombro y zarandeándome para que despertara. Creo que sus palabras exactas fueron: «¿Qué se fumaron, muchachos?». ¿Qué hacen andando en bicicleta a través de Kansas?».

Intenté explicarle: «Yo quería ir a ver a mi novia...» Él revoleó los ojos, sacudió la cabeza, se subió al automóvil y se alejó. Pensó que yo estaba loco al hacer algo así. ¡Si Nat me hubiera podido ver en ese momento!

Cuando finalmente llegamos a Kansas, la reacción de la que ahora es mi esposa fue muy semejante a la del policía. Pensó que yo estaba loco. Pero en el momento en que la vi, supe que había valido la pena. Probablemente pudiera contarles media docena más de historias acerca de cómo anduve siguiendo a mi esposa. Podría hablar acerca de que me dediqué a entregar muebles en medio del calor del verano por un salario mínimo, pero que lo disfruté porque el dinero iba destinado a un anillo de bodas. Podría mencionar el tiempo en que pasé noches sin dormir durante la universidad para terminar una investigación que le permitiera a ella entregar un trabajo de treinta páginas. Puedo contarles que doné sangre para comprarle una docena de rosas. Hay muchos ejemplos de la forma en la que anduve tras mi esposa. Resulta fácil ponerse sentimental y nostálgico al recordar la trayectoria de nuestra relación. He puesto mucho esfuerzo en seguirla, mucho tiempo en ganar su corazón, y no cambiaría eso por nada. Pero, ¿saben algo?, mirando en retrospectiva a mi relación con Cristo, no tengo tantas historias que contarles al respecto de haber andado tras Jesús. Aquellas de las que podría hablarles apenas causarían alguna impresión si las escribiera aquí.

Los seguidores deberían tener algunas historias en cuanto a haber ido tras Jesús que le hicieran decir a la gente: ¡Qué loco! Muchos fans no crecieron pensando acerca de su relación con Jesús en esos términos. Seguirlo fue más bien una cosa informal de los fines de semana. Eso no lo lleva a uno a entusiasmarse. Puede ser que coloque algunos billetes en la ofrenda y que se ofrezca como voluntario para entregar boletines, pero nada más. Y, sinceramente, es hasta allí que uno desea que la cosa llegue. Pero esa no es la forma en que Jesús definió la relación.

Jesús quiere que comprendamos que seguirlo implica una búsqueda que requiere todo lo que tenemos. Jesús narra una parábola en Mateo 13, bajo el título de «La perla de gran precio». Nos muestra una imagen de lo que Jesús tenía en mente cuando nos invitó a ir tras él.

> El reino de los cielos es como un tesoro escondido en un campo. Cuando un hombre lo descubrió, lo volvió a esconder, y lleno de alegría fue y vendió todo lo que tenía y compró ese campo (Mateo 13:44).

En los tiempos bíblicos la gente a menudo enterraba sus ahorros en el suelo. Se lo consideraba un lugar seguro, en especial durante tiempos de guerra o de agitación gubernamental. No era infrecuente que alguien enterrara su tesoro en el campo y luego fuera muerto cuando salía a la guerra. Jesús describe un panorama en el que, años después, una mano de obra contratada descubre un baúl con un tesoro enterrado mientras ara surcos. Se detiene, cava más, limpia el polvo que queda encima y abre la tapa. ¡No puede creer lo que ven sus ojos! Hay miles de dólares en preciosas gemas que brillan a la luz del sol. Su corazón late fuerte por el entusiasmo. Rápidamente vuelve a enterrar el tesoro y continúa trabajando, pero mientras tanto planea un curso de acción. Está desesperado por comprar ese campo para que el tesoro sea suyo. Esa noche liquida todos sus activos. Lo vende todo: su casa, su buey, su carro. Los amigos y la familia comienzan a hablar. Piensan que ha perdido la cabeza. Simplemente nada tiene sentido para ellos. Pero la verdad es que esa resulta la mejor inversión que él podría hacer.

Cuando descubrimos la vida que podemos llevar en Jesús, debemos buscarlo a él como aquel hombre procuró la perla de gran precio. Los fans se cuidan de no dejarse llevar. Los seguidores comprenden que seguir a Jesús constituye una búsqueda que puede costarles todo, pero saben que resulta la mejor inversión que jamás podrían hacer. Los seguidores hacen locuras por amor, pero a los fans les gusta jugar sin riesgo.

Cohabitar con Jesús

Entre los fans existe el temor de que si lo apuestan todo van a perder.

Los fans desean obtener suficiente placer pero sin arriesgarse a pasar por sufrimientos. Algunos queremos disfrutar de lo que hay disponible sin tener que hacer ningún sacrificio.

En lugar de ir detrás de Jesús nos frenamos. No es que no deseamos mantener una relación con Jesús; la queremos. Lo que no queremos es que nos cueste mucho. Volviendo a la metáfora del romance, lo compararía a un hombre y a una mujer que han estado saliendo. La cosa se ha vuelto seria, y ella desea casarse. Él la ama y no quiere perderla, pero no desea casarse. Siente temor de que hacer ese tipo de compromisos requiera demasiado de él o que, de alguna manera, lo lleve a perderse de algo mejor. Así que el muchacho le hace esta sugerencia: «Oye, ¿por qué no nos mudamos a vivir juntos?» Traduciéndolo, lo que el le dice es: « ¿Qué tal si yo recibo todos los beneficios del matrimonio sin tener que asumir ninguno de sus compromisos ni sacrificios?».

Ese es el enfoque que tienen los fans. Los fans le dicen a Jesús: «Oye, ¿por qué no nos mudamos a vivir juntos?».

Existe una revista de sátiras llamada The Door, en la que se sugiere que las parejas no casadas que viven juntas deberían hacer los siguientes votos:

> Yo, Juan, te tomo a ti, María, para ser mi conviviente, para compartir contigo el sexo y las cuentas. Estaré por aquí mientras las cosas anden bien, pero probablemente ya no lo haga cuando las cosas se pongan difíciles. Si te resfrías, correré a la farmacia a buscar los medicamentos. Si te enfermas a tal punto que ya no puedas suplir mis necesidades, entonces seguiré adelante sin ti. Te seré más o menos fiel mientras me sienta bien con ello. Si rompemos, no necesariamente significará que esto no ha sido especial para mí. Me comprometo a vivir contigo mientras esto funcione.

A menudo podríamos culpar a los fans de hacer este tipo de votos con Jesús. Te seguiré en tanto que las cosas vayan bien y tú mantengas tu parte del trato. Te seguiré en tanto que no pidas demasiado de mí. Tememos seguirlo con pasión y de todo corazón porque sabemos que si hacemos un compromiso como ese asumimos un riesgo. Nos requerirá esfuerzo, tiempo y dinero.

En la parábola de «La perla de gran precio» el hombre vendió todo lo que tenía para obtener el tesoro pero, ¿notamos su reacción una vez obtenido el tesoro?

> Lleno de alegría fue y vendió todo lo que tenía y compró ese campo.

Sacrificar todo lo que tenía para obtener el tesoro le produjo gran alegría porque sabía que valía la pena.

¿Te gusto?
Tal vez

Recordemos que las palabras de Jesús son palabras de invitación y no un mandato. Jesús comienza la invitación a ir tras él con la palabra «si». Eso indica que hay posibilidad de elección en cuanto a esto. Una de las verdades más básicas sobre el amor es que no puede ser obligatorio. Si intentamos forzar a alguien a que nos ame, podemos estar seguros de que no lo conseguiremos. Una de las razones por las que los fans no van tras Jesús es porque nunca se les ha dado la oportunidad de hacer una elección por ellos mismos. Crecieron con la gran presión de ser seguidores.

Esos fans nunca tuvieron el chance de buscarlo porque siempre fueron empujados hacia él.

Tal vez eso sea lo que te ha sucedido a ti.

Tus padres decidieron bautizarte siendo un niño, pero tú nunca lo seguiste personalmente. O tal vez ha sido tradición de tu familia ir a la iglesia y llamarse cristianos, pero tú no recuerdas que jamás hayas asistido porque lo desearas. Tu mamá te obligaba. Tu papá decía que debías hacerlo. Aun siendo adulto te seguiste sintiendo empujado a concurrir. Vas a la iglesia porque a tu familia le gusta que vayas. Si fueras sincero, admitirías que te llamas cristiano mayormente porque siempre lo has hecho. Además, ¿qué diría la gente si tú no lo hicieras? No estás buscando una relación con Jesús; simplemente soportas hacerlo para mantener otras relaciones.

Buscar a Jesús, seguirlo, es tu elección y Jesús desea dejar en claro qué es lo que aceptas cuando respondes a su invitación. Él no se va a conformar con nada menos que ser el gran amor y búsqueda de tu vida. Eso es lo que desea. En la iglesia a veces hablamos sobre que «Dios quiere tu tiempo», o que «Dios quiere tu dinero», o que «Dios desea tu adoración». Pero, ¿entiendes por qué hablamos de esas cosas?

No es que Dios necesite tu tiempo. Él siempre fue y siempre será. No es que el necesite tu dinero. Él es dueño del ganado que hay en mil colinas. Si Dios necesitara tu dinero, podría tomarlo. No es que Dios necesite tu adoración. Dice la Biblia que si tú no adoras, las rocas y los árboles aclamarán. La razón por la que hablamos sobre estas cosas no es porque Dios las necesite o desee; es porque él te desea a ti. Quiere tu amor. Anhela que lo busques con pasión, y todas estas cosas son indicadores de que vas tras él. Son señales externas que apuntan a la realidad interior de que amas a Jesús más que a ninguna otra cosa.

Varios años atrás escuché el testimonio de un anciano misionero que regresaba a Estados Unidos desde un campo de misión en el extranjero, para vivir los días que le quedaban con una hija casada, en el Medio Oeste. Luego de arribar a la costa californiana, abordó un ómnibus para comenzar su viaje a través del país. La primera noche, el ómnibus se detuvo en Las Vegas. Él había estado fuera de los Estados Unidos durante más de treinta años. Nunca había ido a Las Vegas. Se registró en un hotel y dio un paseo por la zona. Aunque era cerca de la medianoche, todo se veía como si fuera el mediodía debido a las luces. A caminar por la calle escuchó música fuerte, se encontró con hoteles increíbles, y hasta asistió a un show de automóviles en el que pudo observar los mejores del mundo. Vio los juegos de los casinos y oyó el sonido de las monedas que salían de las máquinas tragamonedas. Notó las marquesinas que anunciaban artistas notables. También vio los anuncios de bebidas en oferta y de comidas asombrosas publicitadas por los restaurantes. Finalmente regresó a su cuarto en aquel hotel de muchos pisos en el que se hospedaba. Entró a su cuarto pero no encendió la luz. Atravesó el cuarto y abrió las cortinas. En la quietud de su cuarto se arrodilló frente a la ventana, miró esa franja de Las Vegas, y luego miró hacia el cielo, a esas luces aún más impresionantes allí arriba, e hizo esta oración: «Señor, te agradezco porque esta noche no he visto nada que desee más de lo que te deseo a ti».

Una de las mayores motivaciones de nuestro amor por Jesús y de nuestra búsqueda apasionada de él es el alcanzar comprender mejor cuán grande es su amor por nosotros. Ser amados nos lleva a amar. Leemos en 1 Juan 4:19:

> Nosotros amamos a Dios porque él nos amó primero.

La historia más loca en cuanto a ir detrás de alguien, fue cuando Dios se hizo carne, vino a esta tierra, y murió en nuestro lugar. Él tomó la iniciativa y nos buscó. Cuando nos damos cuenta del derroche de amor que él hizo, eso nos cambia el corazón. Lo amamos porque él nos amó primero.

Pérdida de ese sentimiento de amor

¿Y qué hacer si tú eres un fan que realmente desea convertirse en un seguidor pero no puedes aun transformar tu corazón? Deseas ir tras Jesús en una búsqueda apasionada, pero la realidad es que te sientes apático e indiferente. No deseas sentirte de esa manera, pero así son las cosas. Recientemente estuve realizando algunas investigaciones sobre lo que conocemos como «Los siete pecados capitales». Como lista en sí, no aparece en ningún lugar de las Escrituras, y yo sentía curiosidad por saber cómo se había confeccionado esa lista. Sucede que, muchos años atrás, la tasa de alfabetización era muy baja y la gente no leía la Biblia. Algunos de los líderes de la iglesia primitiva se juntaron e hicieron una lista de los peores pecados para que, al menos, la gente supiera lo que no tenía que hacer. Al leer sobre el pensamiento que había motivado la enumeración de los siete pecados capitales, descubrí algo sobre uno de aquellos pecados de la lista que siempre me había parecido fuera de lugar. Se incluyó la «pereza» como uno de los pecados capitales. Nunca me pareció tan capital a mí. Siempre pensé de la pereza como holgazanería. Ya saben, como no cambiar el canal del televisor porque a uno se le ha perdido el control remoto y no quiere levantarse. Entiendo que la holgazanería no es buena, pero no me parece algo mortal. Entonces descubrí que la palabra pereza es una traducción de la palabra acedia. Probablemente «pereza» no sea la mejor traducción para esa palabra. Una mejor manera de transmitir lo que los líderes de la iglesia primitiva deseaban mostrar hubiese sido traducir el término como «apatía espiritual». O sea, cuando uno llega al punto en el que simplemente dice: «No me importa». Dios te ama y envió al mundo a su hijo para que muriera en la cruz a fin de perdonar tus pecados, ¡y tú te encoges de hombros! Eso es acedia, y constituye una epidemia entre los fans.

La pasión se ha ido. No hay búsqueda. Tal vez hubo un tiempo en el que seguiste a Jesús de esa manera, pero en algún momento perdiste el interés. Eso es lo que les sucedió a los cristianos en Éfeso. En Apocalipsis 2:4-5, Jesús le dice esto a la iglesia:

> Sin embargo, tengo en tu contra que has abandonado tu primer amor. ¡Recuerda de dónde has caído! Arrepiéntete y vuelve a practicar las obras que hacías al principio. Si no te arrepientes, iré y quitaré de su lugar tu candelabro.

La NVI declara que la iglesia ha «abandonado» su primer amor. Otras traducciones dicen que ha «perdido» o «dejado» su primer amor. Esa falta de amor hace referencia a una pérdida del entusiasmo o de la pasión por Dios mismo. En Jeremías 2:2, Dios le dice a su pueblo: «Recuerdo el amor de tu juventud, tu cariño de novia».Tu luna de miel con Dios nunca debería acabar.

¿Y qué haces si te encuentras en un lugar de acedia, en el que deseas desesperadamente buscar a Jesús, pero no logras transformar tu corazón a ello? Nota lo que Jesús le dice a la iglesia de Éfeso. Le manda arrepentirse y hacer las cosas que hacía al principio.

Cuando un marido y su mujer han estado casados por un tiempo, resulta natural descubrir que algunos de los sentimientos han comenzado a desvanecerse. El compromiso puede ser firme, pero la pasión se ha perdido a lo largo del camino. Lo mejor que pueden hacer para avivar ese amor es comenzar buscando al otro de la manera en que solían hacerlo. Él empezará a comprarle flores de la forma en que acostumbraba hacerlo. Ella le escribirá cartas de amor como antes lo hacía. La esposa se vestirá para él. El marido comenzará a invitarla a salir. Cuando decidan ir tras el otro, realizando actos de amor y devoción impregnados de sacrificio y prodigalidad, los sentimientos y la pasión empezarán a regresar.

Ese también constituye un excelente lugar en el que es posible comenzar tu relación con Cristo. Confiesa el pecado de apatía de tu vida y luego empieza a hacer las cosas que hiciste al principio. Arrodíllate junto a la cama y habla con Dios sobre tu día. Pon música de adoración en el automóvil y canta acompañándola. Consíguete un plan de lectura de la Biblia en un año y comienza a leer y meditar la palabra de Dios. Aunque inicialmente no tengas deseos de hacer esas cosas, ellas comenzarán a remover el fuego que se ha ido debilitando. Quiero también desafiarte a despertar este domingo por la mañana e ir a reunirte con los seguidores que buscan apasionadamente a Jesús. Creo que descubrirás que su pasión resulta contagiosa. Vuelve a comprometerte a amar a Dios y luego búscalo apasionadamente. David lo expresó así en el Salmo 63:8:

Está mi alma apegada a ti... (RVR60).

No es solo en Lucas 9 que Jesús utiliza la analogía de una relación romántica para describir la búsqueda apasionada que él desea de parte de sus seguidores. No es solo en Lucas 9 que las Escrituras usan eso como una imagen de la relación que Dios desea tener con nosotros. Se trata de una metáfora frecuente tanto en el Antiguo como en el Nuevo Testamento. ¿Por qué utiliza Dios el ejemplo del amor entre marido y mujer? Supongo que porque es el tipo de amor más profundo que podemos considerar. Pero realmente la clase de relación que él desea que se dé con nosotros es mucho más profunda y rica que esa.

Cuando regresé a mi pueblo natal para visitar a mi familia, fui con mi abuela a visitar la tumba en la que había sido enterrado mi abuelo.

Junto a su placa, sobre la tumba, había un lugar reservado para mi abuela. Ya tenía su nombre escrito y la fecha de su nacimiento. La fecha de su muerte se agregará después. Con sinceridad, ella diría que ya está lista para enfrentar ese día ahora mismo. No ha sido la misma desde que mi abuelo falleció. Estuvieron casados por casi sesenta años. Ella lo extraña muchísimo. Parados frente a su tumba, me hablaba de que se sentía sola. Me dijo que durante las noches todavía extiende su mano para tocarlo. A veces se descubre llamándolo desde el otro cuarto, como lo hacía habitualmente. Nos quedamos parados en silencio unos pocos momentos y entonces ella dijo esto: «Ya estoy lista. Estoy lista para irme a casa a encontrarme con...» Y yo supe lo que ella iba a decir a continuación. Estaba a punto de decir «...tu abuelo». Por supuesto que iba a hacerlo. Él había sido el amor de su vida. Lo amaba más que a nada. Pero no dijo «Estoy lista para ir a casa a encontrarme con tu abuelo». Lo que dijo fue: «Estoy lista para irme a casa a encontrarme con Jesús».

Así es el corazón de un seguidor.

La historia de alguien que no es un fan

Terry Hayes

Mi historia tiene poco que ver con que yo buscara a Jesús, y mucho con la forma en la que él me buscó. La Biblia nos dice que nosotros amamos a Jesús porque él nos amó primero. En verdad es cierto que mi búsqueda de Cristo se inició y continúa siendo motivada por su incesante búsqueda de mí.

La única razón por la que me reuní con «gente de la iglesia», como yo los llamo, fue porque deseaba ir a Nueva Orleans y ayudar a reconstruirla luego del huracán, y la iglesia estaba conduciendo un proyecto de construcción allí. Yo había colaborado en proyectos locales de Hábitat para la Humanidad, e ir a una zona de crisis para ayudar me parecía algo que me haría sentir satisfecho. Pensaba que resultaría un desafío que valía la pena. Hasta me parecía divertido; menos la parte que tenía que ver con ir con un grupo de gente de la iglesia. Tenía recuerdos de haber ido a la iglesia cuando era un niño pequeño, pero eso era todo: recuerdos. No estaba interesado en nada de todo ese asunto. De hecho, me sentía un poco nervioso considerando que el andar por allí con los jóvenes de la iglesia iba a convertir el viaje en algo estresante. No quería que ellos husmearan en mi vida. No se trataba de que tuviera nada que esconder en realidad. Simplemente no quería que nadie anduviera cavando en las profundidades.

Durante el viaje, todo el grupo hizo planes para asistir a la iglesia en conjunto. Me deshice de ellos cerca del momento en que yo pensaba que estarían saliendo para la iglesia. Anduve vagando por Nueva Orleans durante un rato, pero me perdí y acabé volviendo a nuestros dormitorios precisamente cuando el grupo en realidad estaba saliendo. Me rogaron que fuera con ellos, así que cedí. Y cuando llegamos allí, no sé si fue algo que tuvo que ver con el servicio, el mensaje, o la adoración, no sé exactamente que, pero cuando el predicador invitó a la gente a pasar adelante para entregarse a Cristo, yo dejé el banco y caminé hacia allí.

Fui bautizado en el Lago Pontchartrain, en Nueva Orleans, y cuando salí del agua me sentí una persona diferente. Completamente nuevo. Estaba tan lleno de gozo que cuando regresé, les conté a mis amigos y a mi familia acerca de mi bautismo. Desde entonces he encontrado la paz que había buscado durante toda mi vida. Y eso sucedió porque Jesús decidió usar un proyecto de reconstrucción para llamar mi atención. Estoy muy agradecido de que él no estuviera solo interesado en reconstruir Nueva Orleans; él deseaba reconstruirme a mí también. Me buscó, y ahora yo siento pasión por buscar a Jesús mientras lo sigo. Mi nombre es Terry Hayes, y no soy un fan.

negarse:
una rendición completa

Estoy en el gimnasio, durante el último verano, en una de las cintas de caminar frente a la ventana. Miro hacia afuera, hacia el estacionamiento, observando a la gente que entra para entrenar un poco antes de dirigirse a su casa. Luego de unos minutos, un tipo se detiene y baja del automóvil. Es un hombre de buen tamaño y le cuesta esfuerzo salir de su pequeño sedán. Todavía lleva puesta la ropa de la oficina, y veo que extiende la mano para tomar su bolso deportivo. Se lo coloca al hombro y luego se inclina sobre el auto otra vez para buscar algo más. Emerge de allí con una taza con una cuchara roja adentro. ¿Captan lo que sucede? El hombre está acabando su merienda mientras camina hacia el gimnasio para entrenar. Se para delante de la ventana, justo frente a mí, para introducirse en la boca los bocados finales. Estoy completamente seguro de que era masa de dona. Arroja la taza vacía al basurero y entra al gimnasio para cumplir con su ejercitación. Desea ponerse en forma, pero no quiere realizar ningún tipo de sacrificios personales.

Esa es la manera en que un fan intentará seguir a Jesús. Un fan procurará aceptar la invitación de Cristo a seguirlo, pero no querrá decirle que no a nada. En Lucas 9:23 Jesús deja perfectamente en claro que si vamos a seguirlo, un acuerdo informal sin cuerdas que lo aten no constituye una de las posibilidades:

> Si alguien quiere ser mi discípulo, que se niegue a sí mismo...

No puedes «seguir» a Jesús, ser su discípulo, sin negarte a ti mismo. La expresión «que se niegue a sí mismo» no implica solo la idea de decirte que no a ti mismo, ni tampoco de resistirte a ti mismo. La idea allí es que tú ni siquiera tomas en cuenta ni reconoces tu propia existencia.

Hablamos mucho acerca de la verdad que señala que ser cristiano significa creer en Jesús, pero no decimos gran cosa acerca de negarnos a nosotros mismos. Se trata de un mensaje muy poco atractivo. ¿Cómo negarse a uno mismo en medio de una cultura que señala que todo tiene que ver con uno?

En Mateo capítulo 19 aparece un hombre cuyo nombre desconocemos. Se hace referencia a él como «el joven rico» en los Evangelios. Ha seguido un camino que lo ha conducido a las riquezas y el poder. Ese es el camino que la mayoría de nosotros intenta encontrar. Él llega a Jesús con una pregunta, que expresa en el versículo 16:

> Maestro, ¿qué de bueno tengo que hacer para obtener la vida eterna?

Tenemos que reconocerle el haber formulado la pregunta correcta. Él quiere saber cómo llegar al cielo. Pero hasta la manera en que pregunta revela el corazón de un fan. Dice: «¿qué de bueno tengo que hacer?». Esa expresión se puede traducir como intentar adquirir o ganar algo. Porque él piensa que un currículum impresionante es lo que le abrirá la puerta. Finalmente Jesús le dice lo que necesita hacer. En el versículo 21 Jesús le indica:

> Anda, vende lo que tienes y dáselo a los pobres, y tendrás tesoro en el cielo. Luego ven y sígueme.

Jesús invita a ese hombre a convertirse en su seguidor, pero primero le manda vender todas sus posesiones y dar el dinero a los pobres. Se ve enfrentado con la decisión de seguir a Jesús o mantener sus cosas; y no puede quedarse con ambas. No hay forma de seguir a Jesús sin negarse a uno mismo.

Mucha gente desea relacionar esta historia con un asunto de dinero, pero no tiene tanto que ver con el dinero como con seguir a Jesús. El Señor coloca a este hombre ante una encrucijada. Puede seguir el camino que lleva al dinero, o puede seguir a Jesús; pero no puede elegir los dos.

¿Y qué significa todo esto para ti y para mí? ¿Vender todo es un requisito para seguir a Jesús? Bueno, puede ser. De hecho, yo diría que cuanto más a la defensiva te pongas con respecto a las palabras que Jesús le dijo a este hombre, más probable resulta que Jesús te las esté diciendo a ti. Lo cierto es que cualquiera que siga a Jesús se encontrará ante una encrucijada semejante a la del hombre de Mateo 19. No podrás tomar el camino para seguir a Jesús sin alejarte de un camino diferente. El joven rico quería seguir a Jesús, pero cuando se vio obligado a elegir entre Jesús y sus cosas, eligió sus cosas. No quería negarse a sí mismo. ¿Qué elección harás tú?

Vivir en la negación

Algunos años atrás me interné bastante en algunas áreas tribales de África. Una noche terminé predicando el mensaje ante un grupo de unas pocas docenas de personas. Les presenté el evangelio y la invitación de seguir a Jesús. Había dos hombres jóvenes, probablemente de unos veinte años, que aceptaron a Cristo y se comprometieron a seguirlo. Al día siguiente por la tarde, esos dos hombres aparecieron en la casa en la que nos hospedábamos. Cada uno llevaba una bolsa de buen tamaño sobre sus hombros. Me acerqué al misionero local en cuya casa parábamos y le pregunté por qué estaban esos muchachos allí. Me explicó que esos dos hombres ya no serían bienvenidos por sus familias ni en su aldea. Cuando oí aquello, temí que tal vez fuera más de lo que ellos estaban dispuestos a soportar. En ese momento el misionero me dijo: «Ellos sabían que eso sucedería cuando tomaron la decisión».

Eligieron a Jesús por sobre sus familias. Elegían a Jesús por encima de su comodidad o conveniencia, y los fans no hacen eso.

Los seguidores están dispuestos a negarse a ellos mismos y decir: «Elijo a Jesús. Elijo a Jesús por sobre mi familia. Elijo a Jesús por sobre el dinero. Elijo a Jesús por sobre mis metas en cuanto a la carrera. Soy completamente suyo. Elijo a Jesús en vez de emborracharme.

Elijo a Jesús en lugar de mirar pornografía. Elijo a Jesús en lugar de una casa redecorada. Elijo a Jesús por encima de mi libertad. Elijo a Jesús más allá de lo que otras personas piensen de mí». Un seguidor cada día toma la decisión de negarse a sí mismo y elegir a Jesús... aunque le cueste todo.

Negarnos a nosotros mismos en forma sacrificada por causa de Cristo, constituye la evidencia más clara de un amor con compromiso. La mejor manera de demostrar un amor comprometido es a través del sacrificio. Cuando nos negamos a nosotros mismos por otra persona, comunicamos verdadero amor. Un amigo mío me contó acerca del momento en que supo que su esposa lo amaba realmente. Dijo que un día entró a la cocina a comer. Mientras avanzaba por el pasillo hacia la cocina pudo ver la mesa en la que estaba la comida. Su esposa no sabía que él la miraba mientras vertía Pepsi en dos vasos, uno para él y otro para ella. Había un resto de Pepsi en una botella de dos litros que había estado abierta por más de una semana. También había una botella nueva de Pepsi por abrir. Llenó un vaso con la Pepsi vieja, que no tenía gas, y el segundo vaso con la que recién acababa de abrir. Luego de que terminó de hacerlo, él entró y se sentó a la mesa. Se preguntaba: «¿En cuál de los dos lugares va a poner esa Pepsi sin gas y desvaída, en el de ella o en el mío?». Cuando su esposa se acercó a la mesa con los dos vasos y colocó la Pepsi sin gas delante de su propio plato, mi amigo me dijo que jamás se sintió tan amado.

Sin cláusula de excepción

Una de las maneras en que los fans intentan seguir a Jesús sin negarse a ellos mismos es sectorizando las áreas de su vida a las cuáles no quieren que él acceda. Tratan de negociar los términos del acuerdo. *Voy a seguir a Jesús, pero sin vender mis posesiones. No me pidan que perdone a la gente que me ha herido; no se lo merecen. No me pidan que reserve el sexo solo para el matrimonio; no puedo contener mis deseos. No me pidan que dé un porcentaje de mi dinero; he trabajado arduamente por obtenerlo.* Y en vez de seguir a Jesús en su vida financiera, siguen a Oprah, una influyente presentadora de televisión. En su vida sexual, en lugar de seguir a Jesús siguen al canal Cosmo.

Siguen a Jesús, solo que no en todas las áreas de sus vidas. En el libro *UnChristian* [No cristiano], la investigación de Barna informa que el 65 por ciento de la población de los Estados Unidos entre 18 y 42 años ha «hecho una entrega personal a Jesús que todavía consideran importante». A primera vista eso parece en verdad alentador. ¿Pero cuántos de ellos son seguidores? Porque esta investigación también demuestra que solo el 23 por ciento de esas personas creen que el sexo fuera del matrimonio es malo. Solo el 13 por ciento señala que emborracharse es pecado. Y la lista de cosas de este tipo continúa. En otras palabras, el 65 por ciento dice haberse entregado a Jesús, pero la mayoría no está comprometida con Jesús en todas las áreas de su vida. Y el Señor nunca ha dejado abierta la opción de un compromiso selectivo. No hay cláusulas de excepción. Uno no puede decir: «Sigo a Jesús, pero cuando se trata de esta área de mi vida, hago las cosas a mi manera». Si tú te llamas cristiano, por definición estás comprometido a seguir a Cristo en todas las áreas de tu vida. No significa que vayas a seguirlo a la perfección, pero no puedes decir «soy cristiano» y luego rehusarte a seguir a Cristo cuando eso tiene que ver con determinadas personas, lugares o prácticas.

Cierto fin de semana, cuando acabé de predicar volví al salón en el que algunos de nuestros consejeros hablaban con la gente que había tomado una decisión espiritual. Me llamó la atención una mujer que parecía muy enojada y disgustada con la persona que hablaba con ella sobre su decisión. Su marido, o novio, trataba de calmarla. Me acerqué para ver cuál era el problema. Ella y su novio habían pasado al frente con la intención de convertirse en miembros de la iglesia, pero estaban viviendo juntos. Se les dijo que la Biblia enseñaba acerca de honrar el lecho matrimonial y reservar el sexo para el matrimonio. Se les preguntó si estaban dispuestos a arrepentirse de su pecado y no vivir juntos hasta que se casaran, pero a ellos no les gustó la elección que se les pedía que hicieran. Me senté con ellos y les expliqué que uno no precisa tener toda la vida en orden para hacerse cristiano o formar parte de la iglesia, pero que debe estar dispuesto a arrepentirse de sus pecados. Ella me explicó que no iban a hacer eso. El problema era que deseaban ser llamados cristianos sin hacer ningún esfuerzo por seguir a Cristo en realidad.

En el canal MSNBC vi un informe sobre un grupo de nuevos vegetarianos. Estaban entrevistando a una de las nuevas vegetarianas, una chica de veintiocho años de nombre Christy Pugh. Una de sus expresiones refleja el punto de vista de este grupo. Dijo: «Generalmente como según la dieta vegetariana. Pero me gustan las salchichas». Representa a un número creciente de personas que comen alimentos vegetarianos pero hacen algunas excepciones. No comen carne, a menos que les guste en verdad. Como pueden imaginar, los auténticos vegetarianos no se han sentido muy felices con esos nuevos vegetarianos. Y les han puesto presión para que se cambien de nombre. Este es el nombre que han elegido para denominarse: flexivegetarianos. Al escuchar ese informe, me di cuenta de algo: yo soy un flexivegetariano. Me rehúso por completo a comer carne, a menos que me la sirvan. Christy lo explica así: «Realmente me gusta la comida vegetariana, pero no estoy comprometida en un ciento por ciento».

La palabra «flexivegetariano» es un buen término para describir la manera en que mucha gente enfoca su compromiso con Cristo. Y así es como muchos cristianos encaran su compromiso con Jesús y con la Biblia: *En verdad me gusta Jesús, pero ciertamente no me gusta servir a los pobres, no me entusiasma demasiado la idea de asistir a la iglesia, y mis recursos ya están comprometidos. Amo a Jesús, pero no me pidas que reserve el sexo para el matrimonio. Amo a Jesús, pero no me pidas que perdone a la persona que me ha herido. Amo a Jesús, pero no estoy cien por ciento comprometido.* Se llaman cristianos. Siguen a Jesús, pero hacen algunas excepciones. Así que cuando en el menú aparece el tocino, su compromiso se adapta.

Seguir a Jesús requiere un compromiso completo y total. Aquello con lo que el joven rico estaba comprometido en realidad quedó expuesto cuando se rehusó a negarse a sí mismo. Deseaba decirle que sí a Jesús en cuanto a seguirlo sin decirse que no a sí mismo. Deseaba estar lo bastante cerca de Jesús como para obtener la vida eterna, pero no tan cerca que le representara un sacrificio personal.

Leer la letra chica

Para muchos cristianos el concepto de negarse a ellos mismos no forma parte del trato. Han creído, al escuchar el mensaje, que una decisión tan radical no es en realidad necesaria. Así que se han inscripto como para seguir a Jesús, pero si el negarse a ellos mismos es parte de la aclaración, decididamente debe estar en letras pequeñas. Sucede así en especial con los cristianos norteamericanos. En parte se debe al encuentro entre el cristianismo y el capitalismo estadounidense. Porque ha creado una cultura de consumo dentro de la iglesia. En lugar de enfocar su fe con un espíritu de renuncia que exprese: « ¿Qué puedo hacer por Jesús?» han desarrollado una mentalidad de consumidores que pregunta: « ¿Qué puede hacer Jesús por mí?»

Existe un libro sobre negocios, escrito por Ken Blanchard, que se llama Raving Fans [Fans delirantes]. El libro les enseña a los comerciantes cómo hacer que el cliente se sienta tan feliz e importante que se convierta en un «fan delirante» de la compañía. Ken es un cristiano comprometido y un amigo de nuestra iglesia. Uno de los líderes de nuestro equipo sugirió que leyéramos su libro como una manera de servir mejor a los miembros. En tanto que es un excelente libro de negocios y que contiene algunos mensajes que resultan buenos para la iglesia, al leerlo hubo una cantidad de veces que pensé: «Es una excelente forma de reclutar clientes, pero una manera peligrosa de convocar seguidores».

Muchas iglesias se han convertido en compañías que miden el éxito según la cantidad de clientes que atraen. ¿Y cómo conseguir más clientes? Tratando de que los clientes se sientan cómodos, importantes y felices. Queremos que el producto (en este caso el seguir a Jesús) sea todo lo atractivo y cómodo posible. Así que cuando alguien entra para «hacer su compra eclesial», intentamos mostrarle lo que tenemos para ofrecer.

¿Notamos por qué esto socava la invitación de Jesús a negarnos a nosotros mismos? La iglesia envía el mensaje: «Lo que sea que usted desee, puede encontrarlo aquí». La invitación de Jesús es «Entrégalo todo». El mensaje de la iglesia se parece más al eslogan de Burger King «Hazlo a tu manera» que a un «Niégate a ti mismo». Me temo que el resultado sea con frecuencia una iglesia llena de fans delirantes, pero sin muchos seguidores.

Contrastemos la imagen del consumidor con una imagen bíblica muy diferente que encontramos en las Escrituras para describir a los seguidores. La Biblia describe a un seguidor como un «esclavo». Es exactamente lo contrario de un consumidor. La imagen del esclavo nos proporciona una percepción de lo que es «negarse a uno mismo».

Un esclavo no tiene derechos. Un esclavo no tiene posesiones a las que llamar suyas. Un esclavo de los días de Jesús ni siquiera tenía una identidad personal. Un esclavo no tiene tiempo libre, ni ficha a la hora de salida al final del día. Un esclavo no puede negociar. Pero «esclavo» era el nombre con que se presentaban muchos seguidores de Cristo.

Pedro, al comenzar su segunda epístola, no se presentó como: «Pedro, uno de los mejores amigos de Jesús, presente en el monte de la transfiguración, predicador del día de Pentecostés». En lugar de eso, simplemente dice: «Simón Pedro, siervo...». Juan, Timoteo y Judas se atribuyen el mismo título. Santiago no comienza su epístola diciendo: «Santiago, el medio hermano del Hijo de Dios». La empieza así: «Santiago, siervo de Dios y del Señor Jesucristo». Cuando Pablo escribió a la iglesia en Roma, le estaba escribiendo a gente que odiaba la palabra esclavo. En nuestros días la encontramos ofensiva debido a todo lo acontecido en el pasado, pero para los lectores de la epístola a los Romanos, las heridas y el dolor de la esclavitud eran algo aún fresco. Y sin embargo, la carta de Pablo a los Romanos comienza de este modo: «Pablo, siervo de Cristo Jesús». ¿De veras? ¿Por qué no haber dicho: «Pablo, educado por Gamaliel, llamado en el camino a Damasco, autor de libros de la Biblia de gran éxito editorial»? Todo lo que dice es: «Pablo, siervo de Cristo Jesús».

Uno de los seguidores de Cristo al que yo considero un héroe es Bill Bright. Fue el fundador de *Campus Crusade for Christ* [Cruzada

Estudiantil para Cristo]. Escribió un folleto titulado Las cuatro leyes espirituales que presenta el evangelio. Más de dos mil quinientos millones de copias se han distribuido en todo el mundo. Su rol fue fundamental para la filmación de la película «Jesús» que ha sido vista por más de cuatro mil millones de personas, y traducida a seiscientos sesenta idiomas. Pero cuando uno visita su tumba, solo encuentra tres palabras en su lápida: Esclavo de Jesús.

Una de las razones por las que nos resulta tan difícil negarnos a nosotros mismos es debido a que toda la idea parecería ir en contra de nuestro mayor deseo en la vida. Casi todos dicen que lo que desean más que cualquier otra cosa es ser felices. Estamos convencidos de que la senda hacia la felicidad tiene que ver con decirnos que sí a nosotros mismos. La gratificación propia es el camino a la felicidad, de modo que negarnos a nosotros mismos parecería ir en el sentido opuesto a aquello que nos hace felices. El derecho a buscar la felicidad da la impresión de estar directamente en conflicto con el llamado a negarnos.

La mayoría de nosotros crecimos en hogares en los que nos enseñaron a estudiar esforzadamente en la escuela y en la universidad para poder conseguir un buen trabajo, ganar un montón de dinero, vivir en una casa grande, conducir un hermoso automóvil, y disfrutar de excelentes vacaciones. Cuando le preguntamos a un niño qué quiere ser cuando crezca, las respuestas que nos da en general reflejan esa influencia que han recibido. Ninguno dice: «Cuando crezca quiero ser un esclavo». Pero la Biblia nos llama a eso. La Biblia enseña que el llamado más alto que puedas recibir es a ser un esclavo que se niegue a sí mismo y siga a Jesús.

«Esclavo» es una palabra corriente utilizada para nombrar a los seguidores, así que tiene sentido que a Jesús con frecuencia se lo llame «Señor». Cuando leemos en el Nuevo Testamento que a Jesús se lo llama Señor, lo equiparamos con su divinidad. Pensamos en el término «Señor» como sinónimo de «Dios». Pero en el Nuevo Testamento cuando los seguidores se refieren a Jesús como Señor, no se trata de una referencia a su status divino ni a su residencia en los cielos. La palabra que utilizan no es Jahweh, o Jehová. En lugar de eso, la palabra que se traduce como Señor en el Nuevo Testamento proviene mayormente del término Kurios. Aparece cientos de veces. Y Kurios es una palabra que se relaciona con la esclavitud. Kurios es el término que se le da al amo o al dueño del esclavo.

La otra palabra que necesitamos comprender es el término doulos. Es el que se utiliza para describir a un seguidor. La definición de esta palabra no resulta complicada. Se trata del término cuya traducción más apropiada es esclavo. En realidad, «esclavo» es la única forma en que debería traducirse. Esa palabra aparece unas ciento treinta veces en el Nuevo Testamento. Por una cantidad de diferentes razones, generalmente se la ha traducido como «siervo» en las Escrituras. Pero la traducción más literal sería «esclavo». Sin lugar a dudas, esa es la forma en que los lectores la deben haber entendido. Y existe una diferencia tremenda.

Un siervo trabaja para alguien; un esclavo es propiedad de alguien.

Teniendo estas palabras en mente, lo que voy a decir parecería algo demasiado obvio, pero puede resultarle una sorpresa a los fans:

No puedes llamar a Jesús, Señor sin declararte su esclavo.

¿Tiene sentido? Si tú escuchas a una niñita llamarme «papi» en el centro comercial, entiendes que ella se ha identificado como mi hija. Cuando tú llamas «Señor» a Jesús, no estás queriendo decir: «Él es el maestro, y yo el alumno». En realidad estás diciendo: «Él es el amo y yo el esclavo». Eso es lo que significa negarte a ti mismo.

Leí acerca de un grupo de misioneros en lo que ahora es Surinam, en América del Sur. Ellos querían alcanzar con el evangelio a los habitantes de una isla cercana. La mayoría de esos isleños eran esclavos de las extensas plantaciones que cubrían la isla. Los dueños de las plantaciones solo les permitían a los esclavos hablar con otros esclavos. Los misioneros no tenían manera de alcanzarlos. Así que esto es lo que hicieron: se vendieron a sí mismos como esclavos. Al trabajar sirviendo como esclavos en las duras condiciones de un clima tropical, alcanzaron a muchos de ellos con el evangelio. Parece loco, pero debemos entender algo: ellos simplemente se convirtieron en lo que ya eran.

Enrolarnos para la esclavitud

Cuando aceptamos la invitación a negarnos a nosotros mismos y seguir a Jesús, nos convertimos en sus esclavos. Esa es una manera completamente distinta de considerar la esclavitud. Pensamos de la esclavitud como algo a lo que uno se ve obligado, pero Jesús nos invita a negarnos a nosotros mismos. ¿Por qué podría alguien desear ser un esclavo? En realidad, aunque no fue muy frecuente, en el Antiguo Testamento leemos acerca de personas que eligieron ser esclavos. Se los llamaba «Esclavos por acuerdo». Se trataba de personas que eran liberadas luego de haber sido esclavos por seis años, pero algunos decidían y deseaban permanecer como esclavos. Deuteronomio 15:16-17 así lo explica: «Pero si tu esclavo, porque te ama a ti y a tu familia y le va bien contigo, te dice: "No quiero dejarte", entonces tomarás un punzón y, apoyándole la oreja contra una puerta, le perforarás el lóbulo. Así se convertirá en tu esclavo de por vida». Esclavo por acuerdo, o por lazos afectivos, era la forma en que se describían a ellos mismos muchos de los escritores del Nuevo Testamento. Voluntariamente se habían convertido en esclavos. Lucas capítulo 1 nos dice que cuando a María se le dijo que daría a luz al Mesías, su respuesta (registrada en el versículo 38) fue: «Aquí tienes a la sierva del Señor». Pero la palabra usada es «esclava por acuerdo».

Elegir convertirse en un esclavo por acuerdo constituía un acto de completa negación propia. Un esclavo por acuerdo le entregaba todos sus derechos al amo. Estaba de acuerdo con darle todas sus posesiones al amo. Un esclavo no podía elegir ni escoger lo que formaría parte del trato. No podía decir: *«Voy a ser un esclavo pero quiero guardarme el automóvil, y necesito un fin de semana libre cada quince días. Y preciso tener un cuarto con buena vista».* No se trataba de una negociación. Un esclavo por acuerdo diría: «Todo lo que tengo, todo lo que soy, te lo cedo a ti». Eso es lo que Jesús deseaba del joven rico.

Pero, ¿por qué alguien elegiría ser un esclavo? ¿Quién se enrolaría en ello? Bueno, ¿notaron cuál era la motivación en Deuteronomio 15 para que alguien escogiera la esclavitud? Leámoslo otra vez. «Pero si tu esclavo, porque te ama a ti y a tu familia y le va bien contigo, te dice: "No quiero dejarte"...» Estamos frente a un esclavo que se da cuenta de que, por loco que les parezca a los demás, por loco que les parezca a los que no entienden, quiere elegir una vida de esclavitud. Ama a su amo y entiende que le va mejor como esclavo.

Así que por amor nos convertimos en esclavos de Jesús. Cuando tú finalmente rindas todo lo que eres y todo lo que tienes, descubrirás la cosa más extraña. Que solo convirtiéndote en esclavo de Jesús encontrarás la verdadera libertad.

Pensamos que al negarnos a nosotros mismos vamos a perder, pero es todo lo contrario. En Mateo 19:22, cuando Jesús invita al joven rico a vender todo y seguirlo, podemos apreciar su reacción:

> Se fue triste porque tenía muchas riquezas.

Esa parece una declaración extraña. Se fue triste porque tenía muchas riquezas. Pero debe haber estado triste porque eligió seguir una orientación equivocada. Él pensaba que negarse a sí mismo en cuanto a todas sus posesiones lo haría sentirse triste; la verdad es que solo cuando nos negamos a nosotros mismos descubrimos verdaderamente el gozo de seguir a Cristo.

Jesús te invita a que te niegues a ti mismo. Te invita a ser un esclavo. Yo, como esclavo, puedo contarte sobre mi amo. Mi amo hará provisión para ti. Él es el dueño del ganado de mil colinas; puede hacerse cargo de tus necesidades. Mi amo te protegerá. Cuando él habla, hasta el viento y las olas le obedecen. Mi amo tiene el poder de perdonar pecados. Si ser esclavo del pecado te ha dejado golpeado y en la ruina, y descubres que tu vida está hecha pedazos, mi amo puede tomar los pedazos de tu vida y convertirlos en un hermoso mosaico. Si estás agotado y exhausto, mi amo sabe dar descanso a aquellos que se sienten cansados y llevan cargas pesadas.

Algo más. Cuando te conviertas en esclavo de mi amo, él te convertirá en su hijo. Él te hará su hija. Él te llamará amigo.

Que en lugar de fans delirantes, nuestras iglesias se llenen de esclavos astutamente disfrazados de gerentes, representantes comerciales, doctores, maestros y estudiantes.

Existe un documento legal llamado «escritura de renuncia» Se utiliza cuando una persona traspasa todos los derechos de propiedad o de una posesión que antes había compartido. Cuando firma una escritura de renuncia, hace entrega de cualquier derecho que hubiera tenido antes. Renuncia a todos sus derechos. Cuando Jesús te invita a seguirlo, no hay un montón de papeleo involucrado en el asunto, pero él espera algún tipo de escritura de renuncia. Cuando decides seguirlo, estás traspasándole tu casa, tu automóvil, tus cuentas bancarias, tu carrera, tu matrimonio, tus hijos, tu futuro, y cualquier otra cosa sobre la que anteriormente tuvieras derechos. Ya no tienes más derechos y nada puedes retener. Te niegas a ti mismo y firmas una escritura de renuncia a tu vida.

Millard Fuller cuenta que se convirtió en millonario a la edad de 29 años. Dice que le había comprado a su esposa todo lo que ella pudiera desear. Pero un día él regresó a casa para encontrarse con una nota en la que ella le anunciaba que lo había abandonado. Millard fue a buscarla. La encontró un sábado por la noche en un hotel de la ciudad de Nueva York. Hablaron hasta altas horas de la madrugada, en las que ella volcó lo que tenía en su corazón y le hizo ver que las «cosas» que nuestra sociedad señala como muy satisfactorias la habían dejado indiferente. Su corazón estaba vacío y su espíritu agotado. Se sentía muerta por dentro y quería volver a vivir. Arrodillado junto a la cama, en ese cuarto de hotel, Millard y Linda decidieron vender todo lo que tenían y dedicarse a servir a los pobres.

Al día siguiente, domingo, buscaron la iglesia bautista más cercana y fueron allí a adorar y a agradecer a Dios por haberles dado ese nuevo comienzo. Le transmitieron al ministro lo que les había sucedido y le contaron acerca de la decisión que habían tomado. Irónicamente, el ministro les dijo que una decisión tan radical no era en verdad necesaria. Millard señaló: «Él nos dijo que no era necesario renunciar a todo. Él simplemente no entendió que no estábamos renunciando al dinero y a las cosas que el dinero podía comprar. Nosotros estábamos renunciando. Punto». Millard y Linda dieron inicio a una organización con la que probablemente estés familiarizado: Hábitat para la Humanidad.

De eso se trata en realidad la historia del joven rico. No tiene que ver simplemente con renunciar al dinero y a las cosas que el dinero puede comprar; tiene que ver con renunciar, y punto. Eso es lo que significa negarte a ti mismo y seguir a Cristo.

La historia de alguien que no es un fan

Gary Polsgrove

«Culpable».

Sentado frente al estrado del juez, comencé a llorar. Escuché al juez decir algo sobre el tiempo de prisión y mis sollozos fueron aún más fuertes. Un oficial me esposó y me llevó a la cárcel. Pasé algunos días allí, tratando de descubrir que le había sucedido a mi vida.

¿Cómo había llegado a esto? Había alcanzado el pináculo de mi carrera como piloto de UPS. Todo marchaba bien. Habiendo dejado a mi esposa en 1993, no llevaba la carga de nadie sobre mí. Tenía dinero, muchachas, amigos, un buen empleo: todo lo que un hombre podría desear. Mi vida tenía que ver con decirme que sí a mi mismo.

Pero luego fui descubierto robando pasajes aéreos en mi trabajo. No sabía cuánto significaba para mí mi trabajo hasta la noche en que me despidieron. Cuando entré esa noche, ellos no solo me quitaron mis insignias: me despojaron de toda mi identidad. Todos esos años yo había permitido que mi trabajo me definiera. Experimenté la perdida de ese empleo como una muerte. Solo que por haber perdido el trabajo no iba a renunciar a mi estilo de vida. Tipos cabeza dura como yo no descienden tan fácilmente.

Sin trabajo, comencé a incumplir con los pagos de alimentos para los niños. Me hicieron algunas advertencias en cuanto a que sería mejor que pagara; pero antes de recibir aquella sentencia, todavía me sentía un intocable. Ese día en la corte significó un tremendo llamado a despertar.

Luego de mi tiempo en prisión, estuve en un hogar intermedio. Todas mis pertenencias las tenía en un bolso marinero. Se me permitía trabajar, pero no conducir. Iba a todos lados en ómnibus. Acabé trabajando en un negocio de venta de panes. Algunos días, me cruzaba con compañeros de trabajo de UPS. No puedo describir la vergüenza que sentía.

Sé que lo que estoy por decir no tiene ningún sentido. Pero fue durante ese tiempo en que todo aquello por lo que había trabajado murió, así como también mi antigua vida. En ese tiempo finalmente comencé a descubrir la verdadera vida. No teniendo nada más a lo que volverme, regresé a la fe de mi juventud. Comencé a orar con sinceridad y a buscar ser reconfortado por la Biblia. Por primera vez Jesús se hizo real para mí. Comencé a decirme que no a mí mismo y a decirle que sí a Jesús.

Muy pronto después de dejar el hogar transitorio, conseguí un buen trabajo y comencé a ascender por la escalera de las corporaciones. Mi éxito regresó. Pero temía que mi viejo yo regresara también. Deseaba asegurarme de que mi viejo yo permaneciera muerto. Caí sobre mis rodillas y le pedí a Dios que me guiara, y me comprometí a vivir completamente para él.

En estos días esa continúa siendo mi oración. Ahora monitoreo a jóvenes varones que buscan guía espiritual en la iglesia. Dios se las arregló para tomar mis errores y convertirlos en una herramienta inapreciable para evitar que los jóvenes que yo monitoreo cometan los mismos errores que yo cometí. También trabajo en la prisión con hombres encarcelados. Llevar esperanza y sanidad a las vidas quebrantadas de esos hombres se ha convertido en mi pasión.

Solo Dios podía tomar este tipo de desastre y convertirlo en un mensaje de gracia y redención. Mi nombre es Gary Polsgrove, y no soy un fan.

tomar la cruz cada día:
una muerte diaria

Cuando yo tenía veintiún años, me mudé con mi esposa al condado de Los Ángeles, California, para dar inicio a una nueva iglesia. Leí todo lo que pude sobre el establecimiento de iglesias, pero no tenía experiencia y el tema me superaba. Llené un cuaderno de preguntas sobre cómo manejarme al iniciar una nueva iglesia. Lo que creía tener en claro era que para que una iglesia resultara exitosa hacía falta que la gente concurriera. Dado que la ecuación obvia era que cuánta más gente asistiera tanto más exitosa sería la iglesia, decidí que había solo una pregunta a responder:

¿Cómo lograré que asista a esta nueva iglesia una cantidad importante de personas?

La respuesta a semejante pregunta pronto me llevó a leer algunos libros de negocios que trataban sobre técnicas de marketing del producto y sobre cómo atraer clientes. Y sin tomar una decisión consciente al respecto, me determiné a iniciar una nueva iglesia del modo en que una persona comienza un nuevo negocio.

Descubrí que al iniciar un nuevo negocio hay que sentarse y elaborar un plan. Parte de un buen plan de negocios es establecer una estrategia de marketing. Y la buena estrategia de marketing descansa, entre otras cosas, en un eslogan y un símbolo que atraigan a los potenciales clientes. Uno desea que vean el símbolo, escuchen el eslogan y piensen: «Eso es lo que he estado buscando; deseo ser parte de ello».

El eslogan correcto no solo debe llevar el pensamiento del cliente a la empresa, sino crear deseo de obtener el producto. El símbolo, o logotipo, de la empresa debe resultar fácil de recordar y atractivo. Permítanme darles unos pocos ejemplos de eslogans y ustedes intenten adivinar cuáles son las compañías correspondientes a ellos. Puede buscar las respuestas debajo:[1]

- Se derrite en tu boca y no en tus manos.
- Está donde tú quieras estar.
- El supremo automóvil.
- Solo hazlo.
- Sigue funcionando, y funcionando, y funcionando...
- Estás en buenas manos con...

¿Cómo te fue? Es posible que conozcas a la mayoría de esas compañías y de alguna manera te hayas asociado con ellas (o al menos te hubiera gustado hacerlo). No solo conoces sus nombres; sospecho que podrías recordar el símbolo correspondiente a cada una de esas compañías. Los símbolos representan realización, placer, satisfacción, victoria, estilo y estatus. Esas compañías han trabajado esforzadamente para elaborar un eslogan y un símbolo que resulten atractivos y capten la atención de tantas personas como sea posible.

Teniendo eso en mente, ¿cuál identificarías como el eslogan y el símbolo de los seguidores de Cristo? Jesús los esboza en Lucas 9:23 cuando extiende la invitación a seguirlo.

Si alguien quiere ser mi discípulo, que se niegue a sí mismo, lleve su cruz cada día y me siga.

El eslogan para los seguidores de Cristo podría resumirse apropiadamente de este modo:

Vengan a morir.

---

[1] M&M's / Visa / BMW / Nike / Energizer / Allstate

Bueno, al menos capta la atención. No es en realidad el tipo de eslogan que atraiga a la gente. Parece una película de horror de las que se proyectan en Halloween. No se trata de un eslogan que haga que la gente acuda en tropel; más bien la espanta. Nadie desea hablar de la muerte. Ni siquiera nos gusta la palabra muerte. Cuando alguien muere, decimos: «Ha partido/ se ha ido/ ya no está con nosotros/ ha estirado la pata/ está mirando crecer las margaritas desde abajo». La muerte es algo tan final; tan completo. Exacto. Tal como lo dijo Bonhoeffer: «Cuando Cristo llama a un hombre, le ofrece que venga a morir».

Para los seguidores de Cristo, el símbolo tampoco resulta nada mejor. Es una cruz. La imagen que representa a los seguidores de Jesús es un instrumento de tortura y muerte.

Parecería que podría haber otras opciones con las que Jesús compatibilizara. ¿Por qué no una paloma? Representa la paz. ¿Y qué tal el cayado del pastor? Es un símbolo de protección. O tal vez un arco iris; representa la esperanza y la promesa. ¿Por qué escoger dos vigas clavadas la una a la otra? Cuando uno busca atraer clientes, la imagen del medio de ejecución probablemente más brutal que jamás se haya concebido no parece un buen lugar en el que comenzar.

Hemos intentado sacarle el mejor partido. Lo convertimos en ornamentos y en piezas de joyería. Pero a aquellos que escuchaban esas palabras de Jesús en Lucas 9, la invitación a tomar la cruz debe haberles resultado insultante y repulsiva.

Para los judíos, la cruz era un medio de ejecución que los romanos utilizaban para obligarlos a someterse. Constituía un símbolo del poder y fortaleza de los romanos. Cada tanto un grupo de rebeldes judíos se sublevaba y conducía una revuelta en contra de la opresión romana. Y estos crucificaban a aquellos involucrados en la rebelión. En algunas ocasiones llegaron a crucificar dos mil de una vez a lo largo de los caminos polvorientos de Palestina.

La cruz era un **símbolo de humillación**. En el mundo antiguo, los romanos tenían una variedad de formas en las que llevaban a cabo una ejecución. Sabían cómo ejecutar a las personas de un modo muy económico. A algunos por el fuego y a otros apedreándolos. También había algunos que eran ejecutados por un golpe de espada. O podían simplemente darles a beber un poco de cicuta. La crucifixión, por el contrario, requería que la supervisaran cuatro soldados y un centurión. Resultaba mucho más cara. Entonces, ¿por qué la crucifixión? La usaban cuando deseaban humillar en público a la persona que era crucificada. Lo hacían como declaración pública de que esa persona no tenía poder, de que no era nada. Leemos en las Escrituras la manera en que los soldados humillaron a Jesús y se burlaron de él. Lo escupieron. Las Escrituras señalan que fue crucificado desnudo en una cruz. La Biblia dice en Filipenses 2 que los seguidores deben tener la misma actitud que Jesús, que se hizo nada a sí mismo. Allí estaba Jesús. Era el Creador, el Salvador y el Rey de reyes. Y aquel que tenía el mundo a sus pies, eligió venir a lavar los pies del mundo. Si vamos a seguirlo, eso implica tomar con humildad una cruz y hacernos nada.

La cruz era un **símbolo de sufrimiento**. Antes de crucificar a un criminal, era costumbre de los romanos golpearlo de la manera en que lo hicieron con Jesús. Para recibir esos azotes, al hombre se le quitaba la ropa, y se le ataban las manos, frecuentemente a un poste. La idea era que la persona tuviera sus manos atadas a un poste para que la carne de su cuerpo estuviera tensa, en preparación para los azotes. Los romanos no le prestaban atención al número de latigazos; eran expertos en golpear a una persona hasta el borde de la muerte. Luego de ser golpeados hasta quedar irreconocibles, los soldados romanos colocaban el patíbulo de la cruz, que es la viga horizontal, sobre las espaldas del hombre. Quizá algunas de las vértebras hubieran quedado expuestas por los azotes. Esa viga, de más de 56 kilos, era colocada sobre las heridas abiertas. No sorprende entonces que Jesús lo pasara mal acarreando la cruz mientras iba tropezando por los angostos caminos de la Vía Dolorosa (o sea el Camino del dolor). Tomar tu cruz y seguir a Jesús puede producir dolores y sufrimiento.

> No puedes cargar una cruz sin sufrimiento.

No puedes cargar una cruz sin sufrimiento.

No hay una forma cómoda de llevar una cruz, sin que importe la manera en que la coloques. Con frecuencia me toca hablar con gente que está convencida de que algunos sufrimientos o dolores de su vida constituyen un indicio de que no están siguiendo a Jesús. Después de todo, si estuvieran siguiendo a Jesús, al Hijo de Dios, ¿no se desprende de ello que las cosas de la vida se desarrollarían sin complicaciones? Hay una teología basura dando vueltas por ahí que señala que las dificultades son una evidencia de que uno no está siguiendo a Jesús. La realidad bíblica es que cuando la gente consiente en seguir a Jesús, acepta llevar una cruz, y eso a veces resulta doloroso.

Hay una cantidad de Escrituras que dejan entrever el hecho de que si uno sigue a Jesús le va a costar algo.

Lucas 6:22: Dichosos ustedes cuando los odien, cuando los discriminen, los insulten y los desprestigien por causa del Hijo del hombre.

2 Timoteo 3:12: Así mismo serán perseguidos todos los que quieran llevar una vida piadosa en Cristo Jesús.

Filipenses 1:29: Porque a ustedes se les ha concedido no solo creer en Cristo, sino también sufrir por él.

Y esta es la pregunta que me desvela en estos días: ¿Realmente estoy llevando la cruz si no se ven sufrimientos ni sacrificio? ¿Cuándo fue la última vez que seguir a Jesús te ha costado algo? ¿Cuándo fue la última vez que te costó una relación? ¿Cuándo fue la última vez que el seguir a Jesús te costó una promoción? ¿Cuándo fue la última vez que te costó unas vacaciones? ¿Cuándo fue la última vez que se burlaron a causa de tu fe? Dejemos de lado el que nuestras vidas se vayan a ver amenazadas... ¿Cuándo fue la última vez que te quedaste sin comer por causa del evangelio? ¿Realmente puedes decir que estás llevando tu cruz si no te ha costado nada? Tómate un segundo y responde esa pregunta en tu mente. ¿Te ha costado algo? Si no ha habido sacrificio, si al menos no te has sentido un poco incómodo, hay un buen chance de que no estés llevando tu cruz.

¿Realmente estoy llevando la cruz si no se ven sufrimientos ni sacrificio?

Finalmente, la cruz era un **símbolo de muerte**. Cuando Jesús llegó al Gólgota, al lugar de la calavera, los soldados tomaron la viga horizontal y la clavaron a la viga vertical para formar una cruz. Sus manos fueron clavadas al madero. Seguidamente los soldados debieron clavarle los pies a la cruz. Horas más tarde le introdujeron una lanza en el costado para confirmar su muerte. Jesús invita a sus seguidores a que ellos también mueran. Morimos a nuestros propios deseos, a nuestros propios objetivos y a nuestros planes. Cuando nos volvemos seguidores de Jesús, ese es nuestro final.

Una cruz, más que ninguna otra cosa, representa la muerte. Para aquellos que llevan una cruz el resultado final es cierto. «Un muerto que camina» es una expresión que a veces se usa para describir a aquellas personas que esperan la pena de muerte, y resulta muy apropiada para un seguidor que lleva la cruz. Jesús toma el símbolo más despreciado, más rechazado de su tiempo y dice: «Si quieres seguirme, tómalo». Nos invita a morir.

Jesús deja en claro que seguirlo implica tomar la cruz y morir a uno mismo. Es a eso que se compromete un seguidor. Puedo imaginar la incómoda tensión que se produjo cuando Jesús esbozó lo que esperaba de sus seguidores. Desafortunadamente, muchas iglesias hoy han decidido que ese mensaje resulta demasiado incómodo y que la cruz es demasiado insultante. Como resultado, hay muchos fans que se llaman seguidores, pero no llevan una cruz.

En una ocasión en que salí de la ciudad para hablar en una iglesia de la Costa Oeste, un hombre se me acercó expresando preocupación porque su hija se preparaba para casarse con un joven ateo. El padre me rogó que me encontrara con su futuro yerno. Me dio el número de celular de ese joven y lo llamé al regresar al hotel. Le dije quien era y le pregunté si podíamos almorzar juntos antes de mi vuelo del día siguiente. Para mi sorpresa, aceptó. Un pastor almorzando con un ateo parece el comienzo de un chiste, pero él y yo hicimos buenas migas inmediatamente. Hablamos durante varias horas, y luego de que me contó su historia, le presenté el evangelio. Era la primera vez que él escuchaba la mayor parte de lo que yo dije. Al final del almuerzo oramos juntos, él se arrepintió de sus pecados y confesó creer que Jesús era el Hijo de Dios. Le di el número de mi celular y lo conecté con el pastor local. Yo estaba sorprendido de que Dios hubiera cruzado nuestros caminos en el momento justo. Unas seis semanas después quedé encantado al hablar con el pastor de la iglesia y escucharlo decir que la fe de ese joven y su compromiso con Cristo habían crecido rápidamente. No volví a saber nada más de él por más de un año. Luego, un día sonó mi teléfono y él estaba del otro lado de la línea. Me dijo que se había casado ya hacía ocho meses y que las cosas iban bien. Luego comenzó a explicarme que su suegro estaba molesto con él y quería preguntarme lo que tenía que hacer. Su suegro sentía que él debía «bajarle los decibeles» a su fe. Aparentemente, el muchacho había estado tomando en serio la palabra de Dios en el área de los diezmos y su suegro consideraba que el dinero tendría un mejor uso si lo ahorraba para comprar una casa. También había expresado su desaprobación en cuanto a la decisión del joven de no trabajar los domingos para poder adorar a Dios con la iglesia. Y su suegro le había dicho: «Realmente estoy contento de que te hayas convertido en cristiano, pero Jesús nunca quiso que tú te volvieras un fanático».

En otras palabras: *Me alegra que estés siguiendo a Jesús, pero por qué no dejas de lado la cruz.* Jesús deja bien en claro que el camino que uno toma cuando lo sigue se llama La vía dolorosa.

La historia y la tradición de la iglesia nos dicen que muchos de aquellos que siguieron a Jesús cuando él estuvo sobre la tierra acabaron en ese camino. Según la tradición, Mateo fue muerto a espada en Etiopía. Marcos acabó su vida en Alejandría, Egipto, luego de ser arrastrado por unos caballos a través de las calles hasta morir. Lucas fue colgado en Grecia. Pedro fue crucificado cabeza abajo. Tomás fue atravesado con una lanza en India durante un viaje misionero. Judas, el hermano de Jesús, fue atravesado por las flechas cuando se rehusó a negar su fe en Cristo. Santiago fue decapitado en Jerusalén.

La decisión de seguir a Jesús es la decisión de morir a uno mismo.

La teología Snuggie

Contrastemos el símbolo de la cruz con nuestro amor por el confort. La mayoría de nosotros comprometemos nuestro tiempo y recursos para hacer nuestras vidas lo más confortables posible. Por naturaleza buscamos el confort, y no el llevar la cruz. Somos el pueblo del muchacho holgazán, del club de campo, del día en el spa, y de la Snuggie, esa frazada con mangas. ¿Has visto la publicidad de Snuggie? Es una frazada con mangas. Al principio me pareció una idea ridícula. Pero cuanto más la veía, más deseaba tener una. Cuando mi esposa me preguntó qué quería recibir para el día de San Valentín, me sorprendió escucharme decir: «Quiero una Snuggie». Esa es una frase que nunca pensé articular como varón adulto. Pero me entusiasmaba la frazada con mangas. Cuando finalmente la obtuve, me la puse y pensé: «¡Espera un segundo! Ya tengo una de estas. Se trata simplemente de una bata de baño puesta al revés, abierta por detrás». Contrastemos la imagen de la frazada Snuggie con la imagen de la cruz. Una representa el descanso y el confort; la otra, el dolor y el sacrificio. No resulta extraño que se hayan vendido más de 20 millones de Snuggies. Desafortunadamente, muchas iglesias han desarrollado una Teología Snuggie, con la que intentan hacer que cada uno se sienta lo más confortable posible. La Teología Snuggie promete salud y riquezas a todos aquellos que sigan a Jesús. En lugar de prometerte que cargarás una cruz, te promete un automóvil lujoso y una hermosa casa. Puede ser que todavía se predique un mensaje de la Biblia en la iglesia, pero se dejan ciertas partes afuera, y si miras a tu alrededor apuesto a que no verás ninguna cruz en el edificio.

Comenzamos a percibir las consecuencias de la Teología Snuggie cuando la salud de algunos da un vuelco para mal, o las finanzas comienzan a venírseles abajo. Y entonces comienzan a cuestionar a Dios porque según el evangelio que les han presentado, Dios no está cumpliendo con su parte del trato. Uno de los ancianos de nuestra iglesia describió en una frase la manera en que esto sucede. Dijo: «Aquello con lo que los ganas es también aquello para lo que los has ganado». Cuando los ganamos a través de una Teología Snuggie, no se van a sentir felices si les decimos que deben tomar su cruz.

Permítanme darles un ejemplo de cómo funciona la cosa. Yo leí un aviso publicado por alguien que deseaba vender un automóvil. Decía algo así:

Este automóvil funciona bien y las cubiertas están bastante nuevas, pero eso es todo. No tiene radio, la aceleración es lenta, el embrague se pega, el seguro del baúl no funciona (hay que levantarlo con un palito, y el rendimiento del combustible probablemente no sea más que de unos 16 a 24 kilómetros por galón (3,78 litros). Hablando en general, sé trata de un automóvil estadounidense, fabricado en la época en que los autos norteamericanos se construían muy deficientemente. El precio de 500 dólares citado más arriba es solo porque todos mis amigos me dicen que un automóvil que está andando DEBERÍA valer al menos u$s 500.- Supongo que podemos regatear para rebajar el precio.

Pero podría redactarse un aviso mucho más atractivo sobre el mismo automóvil:

Con neumáticos casi nuevos, este automóvil se agarra al camino. Cuenta con un espacio libre que te permitirá colocarle el sistema de estéreo de tu elección. Con una aceleración como la que tiene, no deberás preocuparte de que lo detenga la policía. Incluye una barrita especial, sin costo adicional, para levantar la tapa del baúl. Si compras este automóvil de fabricación estadounidense, estarás apoyando a nuestro país y la libertad de la que disfrutamos. Lo sacrificamos por solo u$s 499.99.

Esta es la forma en que se presentan cantidad de sermones. Creo que muchos predicadores bien intencionados adoptan una Teología Snuggie cuando se encuentran en iglesias de apenas unas cien personas y sienten la enorme presión de tener que crecer. La audiencia no es la que se esperaba, y las ofrendas resultan muy bajas. Antes de que se den cuenta de lo que ha sucedido, comienzan a medir el éxito por las estadísticas que recogen los fines de semana y no por su fidelidad a la palabra de Dios. E intentan que los sermones resulten potables. Editan las Escrituras. La cruz se oculta. Estos sermones frecuentemente hablan de salvación, pero nunca de entrega. A menudo se refieren al perdón, pero nunca al arrepentimiento. Muchas veces hablan de vivir, pero nunca de morir.

Lamento decir que conozco estas cosas por experiencia personal. Como predicador, es fácil que uno se descubra presentando las partes de la Biblia que cuentan con una mayor recepción popular. En lugar de aquellas otras que pensamos que resultarán no tan bien acogidas, las adornamos con un lenguaje creativo, en un intento por sacar del foco de atención los aspectos que puedan resultar ofensivos. En lugar de transmitirle a la gente las verdades no filtradas ni retocadas de la palabra de Dios, les comunicamos una versión más neutra y factible de aceptar. Al hacerlo, le robamos al evangelio su poder, y a la gente la vida que Dios tiene para ellos.

¿Recuerdan haber leído en el periódico la historia de la condena de un farmacéutico llamado Robert Courtney? Fue condenado por diluir la medicación de los pacientes con cáncer para sacar una mayor ganancia. En un período de nueve años, él diluyó una cantidad estimada de 98.000 recetas de medicamentos, afectando a unos 4.200 pacientes. Por lo menos 17 pacientes con cáncer murieron luego de recibir una fórmula diluida de su quimioterapia. Él ganó unos 19 millones de dólares con ese fraude. Robert fue sentenciado a treinta años de prisión. A ese hombre se le había confiado la responsabilidad de manejar una medicación para salvar vidas, pero en pro de una ganancia personal, la diluyó hasta el punto en que ya no pudo ayudar a la gente.

Este es el cuadro que presentan muchos predicadores, yo mismo incluido, y por el que se los podría culpar. Quizá no por motivos egoístas, pero el resultado es el mismo. De hecho, lo que está en juego es mucho mayor.

Jesús no vino a la tierra para que tú te pudieras comportar mejor, para ajustar un poco tu personalidad, para afinar un poco tus modales, o para suavizar tus aspectos ásperos. Jesús ni siquiera vino a esta tierra para cambiarte. La verdad del evangelio es que Jesús vino para que tú pudieras morir.

En Mere Christianity [Cristianismo y nada más], C. S. Lewis lo dice de esta manera:

> Cristo dice: «Dame todo. No es que deseo tu tiempo, ni tu dinero, ni tu trabajo: te deseo a ti. No he venido a atormentar tu yo natural sino a matarlo. Las medidas por la mitad no sirven de nada. Yo no quiero cortar una rama aquí y otra rama allá. Quiero derribar todo el árbol. No deseo perforar el diente con el torno, ni colocarle una corona, ni rellenarlo con una pasta; quiero sacarlo».

El eslogan es «Muere diariamente» y el símbolo la cruz. A un amigo mío se le ha ocurrido este mensaje. Hace poco me contó cómo se había hecho cristiano. Alguien se acercó a él y le dijo: «Si murieras esta noche, ¿sabes a dónde irías?» Mi amigo quedó un poco desconcertado por la pregunta, habló con esa persona y al final de esa noche aceptó a Jesús como su Salvador. Yo disfrutaba escuchando la historia, pero luego mi amigo me dijo: «El problema es que no morí esa noche». No entendí cabalmente lo que quería decir. Y mencionó que había otra pregunta que desearía que aquella persona le hubiera hecho. Mi amigo me explicó que cuando aceptó a Cristo sabía que cuando muriera recibiría vida eterna, pero que nadie le dijo que al aceptar a Cristo estaba tomando la decisión de morir en ese mismo momento. Él había recibido el mensaje de que cuando muriera iría al cielo a estar con Dios, pero tuvieron que pasar diez años para que comprendiera que la muerte comienza ahora.

Yo he tenido mi cuota de gente muerta. He estado en un cuarto antes de que el juez de instrucción entrara. He estado sentado junto a una familia en el momento en que el padre exhalaba su último aliento. Estuve al lado de muchos cajones abiertos mientras los amigos y la familia pasaban para despedirse. Y no quiero parecer grosero, pero he notado algo con respecto a la gente muerta. Ellos no parecen preocuparse mucho por lo que otras personas piensen. A los muertos no les interesa si su ropa es linda. No se preocupan por la cantidad de dinero que les queda en la cuenta. Y no se ocupan para nada en conseguir una promoción. El punto es que la muerte implica la última rendición que hacemos de nosotros mismos y de todo lo que tenemos. Cuando estamos muertos, ya no nos preocupamos más por nuestra vida.

Elegir la muerte

Cuando Jesús nos llama a seguirlo, nos dice: «Toma tu cruz...» La palabra «tomar» indica que morir es una elección que hay que hacer. Esa no es la manera tradicional en la que pensamos sobre la muerte. Pensamos que se trata de algo que no elegimos; que sucede en contra de nuestra voluntad. Los científicos hablan de lo que llaman el «instinto de conservación» que hay dentro de nosotros. Cuando nuestras vidas se ven amenazadas, nuestro instinto de preservación nos lleva a tomar medidas extremas. Por eso este eslogan Ven y muere, y el símbolo de una cruz no solo resultan contraculturales, sino que van en contra de lo instintivo. Nada de lo que tiene que ver con esos símbolos tiene sentido ni parece correcto. Va en contra de nuestro instinto de conservación.

Cuando yo era un muchachito en la escuela primaria, durante los recreos solíamos realizar un juego que muchos de ustedes conocerán, al que llamábamos el «rey de la colina». Había una pequeña colina detrás de la escuela y los muchachos andábamos a los empujones y empellones los unos con los otros para obligarnos a descender, y aquel que quedaba de pie en la cima de la colina cuando sonaba el timbre que indicaba el fin del recreo era el rey. Perdón por mostrarme un poco orgulloso de mis logros de cuarto grado, pero yo era el indiscutible «rey de la colina». Contaba con una ventaja significativa por el hecho de haber crecido pronto y tener entonces el mismo tamaño que ahora. Y me encantaba ser el rey. Yo quedaba en la cima mientras todos los demás estaban en el suelo.

Recuerdo que un día apareció un nuevo alumno en la clase. Era más grande y más alto que yo, pero... era una chica. Al principio no sentí temor porque pensaba: «¿Qué chica querrá jugar al rey de la colina?». Pero tendrían que haber visto a Bárbara. Usaba botas de cowboy. Y en el recreo del primer día, la vi escupir, lo que no resultaba una buena señal. Comencé a preocuparme acerca de mi reinado como rey de la colina cuando Bárbara comió pegamento durante la clase de dibujo y pintura. Y, por supuesto, en el recreo de ese día ella quiso jugar al rey de la colina. Mirando en retrospectiva, entiendo con claridad que debíamos haber establecido esta regla: «No se admiten niñas»; pero ya es tarde. Y Bárbara clavó sus botas en el piso, escupió, y vino en persecución de mí. Cuando sonó el timbre ese día, había un nuevo rey... o... tal vez deba decir una nueva reina de la colina. Yo había sido destronado por una niña. Tuve una sensación horrible. Fui a ver a la secretaria de la escuela y le dije que no me sentía bien. Mi mamá vino, me recogió, y me fui a casa.

Nunca elegimos ser menos de lo que somos. Luchamos y arañamos nuestro camino hacia la cima. Si nos encontramos más abajo es solo porque fuimos obligados a ocupar esa posición. Nunca renunciamos a nuestro título de rey. Pero el Rey de reyes murió en una colina llamada Calvario y nos dejó un ejemplo a seguir.

La frase «llevar una cruz» ha venido a formar parte de nuestra lengua vernácula. «Llevar una cruz» es una expresión idiomática que usamos cuando una situación o responsabilidad que constituye un desafío nos cae encima en contra de nuestra voluntad. Para los seguidores de Cristo la cruz no es una imposición; la tomamos. Jesús nos da el ejemplo cuando en Juan 10:18 dice: «Nadie me la arrebata [la vida], sino que yo la entrego por mi propia voluntad».

Morir diariamente

Jesús te invita a «tomar tu cruz...» Allí es con frecuencia que desistimos de su invitación. Pero las siguientes dos palabras son las que hacen toda la diferencia. Son las palabras «cada día». «... toma tu cruz cada día...» Cada día tomamos la decisión de morir a nosotros mismos y vivir para Cristo. Morir a nosotros mismos no es una decisión que se tome una sola vez en la vida. Se trata de una decisión diaria. Esa es la parte más difícil de morir.

Imaginemos, por un momento, la vida como si se tratara de un billete de 100 dólares. La mayoría de nosotros considera el morir a nosotros mismos como aquel gran momento en el que entregamos el billete de 100 dólares. No quiero desmerecer ese momento. El momento de la salvación es el más importante de nuestra vida. Pero considerar el seguir a Jesús como una decisión que se toma una vez en la vida es como decir luego de la boda: «Ahora que me he casado, a volver a la vida de siempre». Ser esposo o esposa es mucho más que pasar por una ceremonia de casamiento. En lugar de pensar en nuestras vidas como un billete de 100 dólares que le entregamos a Dios y allí acaba la cosa, consideremos que le damos ese billete a Dios y él lo acepta, pero nos dice: «Esto es mío, pero quiero que lo cambies por monedas de un centavo y me vayas dando una moneda por día». Eso es una muerte diaria.

¿Cómo es eso de morir cada día? Bien, morir a ti mismo hoy puede significar que dediques tu hora de almuerzo a servirles comida a los que no tienen hogar y se hallan en un refugio a poca distancia de tu oficina. Puede significar que la próxima vez que hables con tu vecino, en lugar de no arriesgarte y mantenerte dentro de una zona segura, introduzcas a Jesús en la conversación. Morir a ti mismo puede significar que cambies de plan en cuanto a tus vacaciones y en lugar de llevar a tus hijos a Disneylandia este año, los lleves a la República Dominicana y se ofrezcan como voluntarios en los centros de alimentación a los que asisten cientos de niños cada día para recibir su única comida. Morir a ti mismo puede implicar que al caminar por ese cuarto vacío que tienes en tu casa le preguntes a Dios si no habrá un niño huérfano en algún otro país que debería estar durmiendo en esa cama. Morir a ti mismo puede significar que tú, libre de egoísmos, ames a un cónyuge que te ha engañado con alguien fuera del matrimonio, ese matrimonio que tú tanto anhelabas. ¿Por qué no haces una pausa por un minuto y escribes en el espacio que se provee abajo algunas maneras en que puedes llevar la cruz y morir a ti mismo hoy?

En realidad, solo muriendo diariamente es que podemos seguir a Jesús. Hay mucha gente que se frustra a causa de los esfuerzos que realizan por seguir a Jesús. Lo intentan arduamente y no comprenden por qué pasan por tiempos tan difíciles, o por qué son tan incoherentes. Una persona me envió un e-mail que decía: «Muchas gracias por el desafío a pasar de fan a seguidor. Estoy intentando cada día convertirme en un seguidor de Jesús». Aprecio su nota, pero puedo decirle que va a fracasar porque el «intentarlo cada día» no es suficiente. Si solo cambiáramos dos palabras del e-mail eso haría toda la diferencia. Debería decir: «Muchas gracias por el desafío a pasar de fan a seguidor. Estoy muriendo cada día para convertirme en un seguidor de Jesús».

En la pared de mi vestidor, en el que me pongo de rodillas cada mañana y me rindo a Jesús, he pintado tres palabras con el atomizador. Son las palabras de Pablo que se encuentran en 1 Corintios 15:31 donde él dice:

Cada día muero.

Esa es la parte más difícil de llevar la cruz... es algo de todos los días. Cada mañana, por la gracia de Jesús, soy invitado a tomar la cruz y morir. Esa es la única manera en que puedo seguirlo durante todo el día. Cada mañana nos arrastramos de nuevo hasta el altar y morimos a nosotros mismos. Es la invitación de Jesús en Lucas 9:23. Pero consideremos lo que dice el versículo siguiente:

> Porque el que quiera salvar su vida, la perderá; pero el que pierda su vida por mi causa, la salvará.

Solo muriendo a nosotros mismos encontramos la vida. Cuando finalmente soltamos nuestras vidas, encontramos una vida real en Cristo. Aquellos de ustedes que lo han experimentado, comprenden lo que Jesús quiere decir. Para algunos de los fans, nada de esto tiene sentido. De hecho, en 1 Corintios 1:18 Pablo señala:

> El mensaje de la cruz es una locura para los que se pierden; en cambio, para los que se salvan, es decir, para nosotros, este mensaje es el poder de Dios.

Otra versión lo dice así: «El mensaje de la cruz no tiene sentido...» (versión CEV, en inglés). Morir a uno mismo no tiene sentido para el fan, pero el seguidor comprende realmente que morir es el secreto de vivir. Es por eso que cantamos sobre la maravillosa cruz.

> La cruz que representaba derrota, para un seguidor es una imagen de victoria.

> La cruz que representaba culpa, para un seguidor es una imagen de la gracia.

> La cruz que representaba condenación, para un seguidor es una imagen de libertad.

> La cruz que representaba el dolor y el sufrimiento; para un seguidor constituye una imagen de sanidad y esperanza.

> La cruz que representaba la muerte, para un seguidor es una imagen de la vida.

> La cruz puede no resultar atractiva, pero para un seguidor es hermosa.

Tomar la cruz y morir a mí mismo suena a tortura. Pensamos que tomar esa decisión nos hará sentir abatidos. ¿Eso es lo que significa seguir a Jesús? Nos despertamos cada mañana y nos entregamos al sufrimiento. Pero cuando morimos a nosotros mismos y nos rendimos completamente a él, se produce un sorprendente efecto colateral a la muerte; descubrimos la verdadera vida. En un giro irónico, encontramos que el entregar nuestra vida nos lleva a la vida que hemos anhelado con intensidad siempre.

La historia de alguien que no es un fan

Ron Harshfield

«Ella dejó de respirar».

A veces es la explicación más simple la que nos voltea. Por cierto hay una explicación más detallada de lo que le sucedió a mi esposa, pero finalmente, eso fue lo que pasó. Ella estaba bailando, y dejó de respirar. Su muerte prácticamente me mató a mí también.

Yo bebía para manejar su ausencia. La familia Hadleys, que nos había conocido a mi esposa y a mí, con frecuencia me invitaba a la iglesia. Nunca acepté la invitación. Solo seguía bebiendo. Una noche estaba tan borracho y tan deprimido, que salí del bar, subí a mi camión, tomé una pistola y me disparé en la cabeza. Sé lo que estás pensando. Ese debería haber sido el final de la historia. Tendría que haber muerto esa noche.

Recuerdo haber despertado en el hospital. Supe que mi corazón se había detenido dos veces durante la cirugía. Hasta me dijeron que habían llamado a un sacerdote para que me administrara la extremaunción. De alguna manera, sin embargo, salí adelante. Los Hadleys habían estado orando por mí todo ese tiempo. Aún le habían pedido al grupo de su clase bíblica que orara por mí.

Luego de dejar del hospital, los Hadleys me invitaron otra vez. Sin poder creer lo que estaba diciendo, les respondí que me encantaría ir. Fui a su clase bíblica y conocí gente que había estado orando por mí durante mi recuperación. De pronto no me sentí más solo. Allí había personas dispuestas a orar por mí siendo un desconocido para ellos. Me trataban como familia sin haberme conocido antes. Me resultó claro que si iba a seguir adelante en la vida, necesitaba rodearme de gente que conociera a Jesús. Y aun más que eso: yo mismo necesitaba llegar a conocer a Jesús. El amor de él es del tipo que puede conducir a una persona cuando atraviesa el más bajo de los puntos al que lo ha llevado la vida. Yo casi perdí mi vida, pero Jesús entregó su vida por mí. Ahora comienzo cada día perdiendo mi vida por Jesús. Mi nombre es Ron Harshfield, y no soy fan.

tercera parte

seguir a Jesús:

dondequiera. cuando quiera. en lo que sea

dondequiera.
¿qué tal aquel lugar?

> Si alguien quiere ser mi discípulo, que se niegue a sí mismo, lleve su cruz cada día y me siga (Lucas 9:23).

Cuando uno lee esta invitación de Jesús tiene la tendencia a interpretarla poéticamente. Aun cuando se la desmenuce palabra por palabra, la naturaleza dramática y radical de la invitación tiende a producir una respuesta emocional. Pero al cruzar la línea y comprometerse a ser un seguidor, es importante que uno comprenda y analice las implicaciones más personales y prácticas.

Al final del capítulo 9 de Lucas, luego de que Jesús ha extendido la invitación a seguirlo, encontramos tres personas que inicialmente parecen ansiosas por convertirse en seguidores. Sin embargo, a medida que procesan el tema y se dan cuenta de qué manera va a impactar en sus situaciones específicas el seguir a Jesús, comienzan a poner excusas. Cuando intentan negociar los términos de su compromiso con Jesús, se hace claro que esos son tan solo fans.

Encontramos al primero de esos fans en el versículo 57. Él se acerca a Jesús y a sus discípulos:

> Iban por el camino cuando alguien le dijo: Te seguiré a dondequiera que vayas.

Esas palabras, con certeza, resultan impresionantes. Aquella persona parece comprender lo que Jesús está buscando. Sabe cuáles son las palabras correctas. Declara su compromiso con Jesús y dice: «Te seguiré a dondequiera que vayas». A dondequiera. Eso parece provenir de un seguidor. Sin poner restricciones. Ni límites. Ni fronteras. Dondequiera. Pero consideremos el versículo 58:

> Las zorras tienen madrigueras y las aves tienen nidos —le respondió Jesús—, pero el Hijo del hombre no tiene dónde recostar la cabeza.

Jesús se vuelve hacia ese hombre, y me imagino que con una leve sonrisa le dice: «Hermano, soy un sin techo». Mi impresión es que esa revelación constituye un punto de quiebre en el trato con un montón de posibles seguidores. Jesús deja en claro, y lo expresa de frente, que seguirlo no va a significar que irán de pueblo en pueblo parando en el hotel Ritz y pidiendo servicio a la habitación.

El hombre declara «*Te seguiré a dondequiera que vayas*». Y Jesús señala un lugar que constituye toda una amenaza al confort y seguridad de ese hombre; le pregunta: «*¿Qué tal aquel lugar?*». Nos quedamos con la impresión de que ese postulante a seguidor rápidamente retiró la oferta. «*¿Yo dije "dondequiera"?* Esa pretendía ser una expresión poética. Hablaba figurativamente al decir que te seguiré a *"dondequiera"*».

Resulta mucho más fácil hablar sobre seguir a Jesús cuando se hace una declaración general sin asumir compromisos específicos. Pero la definición más obvia y básica de lo que es seguir a Jesús implica hacer algunos cambios de vida significativos. Seguir a Jesús significa literalmente ir a donde Jesús vaya. Cuando lo pensamos de esa manera, de pronto aquellas palabras poéticas tienen algunas implicancias enormes.

Crecí siendo el hijo de un predicador. Mi papá con frecuencia realizaba reuniones de avivamiento al viejo estilo en diferentes iglesias y me llevaba con él. Todas las noches, cuando acababa de predicar, usaba el mismo himno de invitación: «Yo me rindo a ti». A menudo la gente respondía pasando al frente mientras se cantaba esa canción y poniendo su confianza en Jesús como Señor y Salvador. Me conocía la canción de atrás para adelante: «*Consagrarme todo entero, alma vida y corazón. Es el íntimo deseo que hoy me anima, oh buen Señor. Yo me rindo a ti*». Y una noche, cuando tenía unos diez años, mientras se cantaba ese himno, yo decidí entregarlo todo. Mi corazón latía fuerte. Mis manos sudaban. Tenía un nudo en el estómago. Finalmente di un paso hasta el pasillo y caminé hacia adelante. Mi papá estaba parado en el frente, dispuesto a hablar con cualquiera que respondiera. Yo me paré junto a él, allí adelante, y canté con la iglesia las palabras finales de la canción: «*Yo me rindo a él. Yo me rindo a él. Todo a Cristo yo me entrego. Quiero serle fiel*»

Pero a medida que fui creciendo no lo hice. Una cosa fue cantar aquellas palabras como un compromiso general, y otra que la entrega se volviera más específica. La canción que yo cantaba con mi vida no era «*Todo a Cristo yo me entrego*», sino «*Algunas cosas yo le entrego*». No le rendí mi orgullo y con frecuencia me motivaba más el deseo de impresionar a la gente que de glorificar a Dios. No le rendí mis planes; Dios era bienvenido si quería acompañarme, pero yo hacía lo que quería. Era bien recibido como copiloto, pero yo me mantenía aferrado al volante. No le entregué mis deseos egoístas. No le entregué mis pensamientos lujuriosos. No le entregué mi elección en cuanto al entretenimiento: miraba lo que deseaba ver y escuchaba lo que deseaba oír. No le entregué mi dinero; Dios recibía lo que sobraba. No le rendí mi tiempo. Al principio, no le entregué mi matrimonio; mi esposa nunca lo dijo pero yo era sarcástico y egoísta.[1] No le entregué todo.

Como ese primer hombre, tal vez nosotros seamos rápidos para decirle a Jesús: «*Te seguiré a dondequiera que vayas...*» Pero avancemos de lo general a lo más específico. ¿Cuál es el lugar en el que más te cuesta seguir a Jesús? Si le has dicho a Jesús «*dondequiera*», ¿cuál crees que será el lugar que él señale para decirte: «*¿Qué tal aquel lugar?*»

---

[1] Bueno, tal vez lo diga.

¿Dondequiera? ¿Qué tal en tu propio hogar? Hay una tendencia a llevar la cruz y seguir a Jesús hasta antes de entrar en casa; luego, dejamos la cruz en el porche de adelante.

En lugar de ser sumiso, luchas por tus derechos. En lugar de servir, te quedas sentado.

En lugar de ser paciente, te muestras demandante. En lugar de dar aliento, te vuelves crítico.

En lugar de ser un líder espiritual, actúas pasivamente y con apatía en tu propio hogar. Así que, ¿por qué no allí?

¿Dondequiera? ¿Qué tal en el trabajo? Durante la semana, a las 9 a.m. se pueden encontrar muchos fans que descienden de sus automóviles y le dicen a Jesús: «Tú espera aquí. Volveré a buscarte a eso de las 5». Cuando marcan su ficha de entrada a la oficina marcan su ficha de salida como seguidores:

Justifican la codicia llamándola ambición.

Racionalizan la deshonestidad llamándola sagacidad comercial.

Permanecen en silencio sobre la fe en el trabajo y lo llaman tolerancia.

Recibí un e-mail de una señora que me pedía que orara por ella porque quería tomar en serio el desafío de seguir a Jesús dondequiera. A pesar de haber trabajado en la misma oficina, durante siete años, nadie sabía que era cristiana ni que asistía a la iglesia. Determinó como algo necesario ser más audaz en cuanto a su fe. Había una compañera de trabajo que se sentaba junto a ella. A través de los años se habían hecho buenas amigas, pero nunca le había hablado de su fe en Dios. Su plan era invitar a esa compañera de trabajo a un evento especial que íbamos a llevar a cabo en la iglesia y hablarle esa noche con respecto a su fe. Pasaron algunas semanas después de haber recibido el e-mail y no tuve ninguna noticia de ella. Me preguntaba cómo habrían salido las cosas. Me volvió a escribir y me contó que ambas habían pasado un momento embarazoso que las hizo sentirse culpables. Cuando se acercó a su amiga y la invitó a ir a la reunión, la amiga se rió y le dijo: «*Esa es la iglesia a la que asisto, y estaba por invitarte a ti*». Lo que inicialmente les pareció gracioso muy pronto las hizo sentirse mal. Durante siete años habían trabajado una al lado de la otra y ninguna de las dos había descubierto que la otra era cristiana. Ambas se llamaban seguidoras, pero no estaban siguiendo al Señor en su trabajo. Así que, ¿por qué no allí?

¿Dondequiera? ¿Qué tal durante la práctica de algún deporte? ¿Qué tal en el vecindario? ¿Qué tal cuando vuelves a tu ciudad y te encuentras con antiguos amigos? O qué tal si Dios te señala un lugar como Myanmar o Tailandia y te dice: «*¿Qué tal este lugar?*».

Anne Judson fue la esposa del primer misionero al exterior de los Estados Unidos, Adoniram Judson. Adoniram tenía 24 años cuando decidió irse de los Estados Unidos y navegar hasta Birmania. Allí no había un solo misionero y se trataba de un medioambiente hostil. Estaba enamorado de Anne, que tenía 23 años en ese entonces. Adoniram deseaba casarse con Anne y luego mudarse a Birmania para extender el evangelio. Antes de casarse con Anne, le escribió al padre de ella la siguiente carta, para pedirle su mano:

> *Ahora debo preguntarle si usted consiente en separarse de su hija a principios de la próxima primavera para no volver a verla más en este mundo. Si consiente a su partida y a que quede sujeta a las dificultades y sufrimientos de la vida misionera; si consiente a que ella se exponga a los peligros del mar, a la fatal influencia del clima del sur de la India, a todo tipo de privaciones y angustias, a degradaciones, insultos, persecución y quizás una muerte violenta. ¿Puede usted dar su consentimiento a todo esto, por amor a aquel que dejó su hogar celestial y murió por ella y por usted, por el bien de las almas inmortales que perecen, por el bien de Sión, y por la gloria de Dios? ¿Puede dar su consentimiento a todo esto con la esperanza de encontrarse pronto con su hija en la gloria, y con una corona de justicia?*

El padre de ella le dijo que era una decisión que ella debía tomar.

Cuando Anne tomó su decisión, le escribió la siguiente nota a su amiga Lydia Kimball:

Me siento con disposición a hacerlo, y espero, si no lo impide la Providencia, pasar los días que viva en este mundo en tierras paganas. Sí, Lydia, he tomado la determinación de renunciar a todo el confort y disfrute que tengo aquí, sacrificar el afecto a mis parientes y amigos, e ir adonde Dios, en su Providencia, vea adecuado colocarme.

Así que en 1813 partieron para Birmania. Experimentaron una dificultad tras otra. En 1824 Adoniram fue puesto en prisión. Estuvo allí dieciocho meses. Por la noche le ataban los pies y lo colgaban, elevándolo hasta que solo sus hombros y cabeza descansaban en el suelo. A menudo la temperatura subía a más de 40 grados y los mosquitos lo comían vivo durante la noche. Cuando fue a prisión, Anne estaba embarazada, pero caminaba más de tres kilómetros por día para rogar que liberaran a Judson. Luego de un año en prisión, comiendo comida podrida, Adoniram estaba destruido, con los ojos hundidos, vestido con harapos y lisiado a causa de las torturas. Su hija, María, nació mientras él estaba en prisión. Anne estaba tan enferma y delgada como Adoniram. Se le cortó la leche. Por misericordia, el carcelero dejaba salir a Judson de la prisión todas las noches para que pudiera llevar a la bebé a la aldea y rogarles a algunas mujeres que la alimentaran. Finalmente Adoniram fue liberado. No mucho después, Anne murió a los 37 años a causa de una fiebre eruptiva. Debido a los esfuerzos de Adoniram y Anne, sin embargo, toda la Biblia fue traducida a la lengua de Birmania. Hoy existen 3.700 congregaciones que trazan sus comienzos al tiempo en que Adoniram y Anne Judson le dijeron a Dios «dondequiera». Dios señaló Birmania y les respondió: «¿Qué tal aquel lugar?»

El hombre de Lucas 9 dijo alegremente dondequiera hasta que Dios le indicó: «Allí». Una de las razones por las que no seguimos a Jesús dondequiera es porque cuando él nos dice allí, lo tomamos más como una sugerencia que como un mandato. Larry Osborne señala que en muchas áreas de nuestras vidas tratamos a Dios más como a nuestro consultor personal que como al Señor de nuestras vidas. Él escribió:

dondequiera. ¿qué tal aquel lugar?

Ahora bien, un consultor es alguien cuya sabiduría valoramos mucho y al que escuchamos, pero al final del día, somos nosotros los que tomamos la decisión. Por eso los llamamos consultores. Pero este es el problema: Dios no hace consultoría. Nunca lo ha hecho. Nunca lo hará. Él actúa como Dios. Cuando lo tratamos como a un consultor, simplemente deja de aparecer en las reuniones.

Jesús desea seguidores que le digan que sí antes aún de conocer su pedido. Un seguidor de Jesús dice: «*Mi respuesta es sí. Ahora, ¿dónde quieres que vaya?*» Jesús puede señalar Myanmar, o puede indicar la vereda de enfrente.

Esta semana escuché una historia sobre una familia que se remonta a un día común de hace más de cincuenta años atrás. Tuvo lugar en un pequeño pueblo, St. Joseph, Illinois. Era un domingo por la tarde, y la familia no estaba haciendo nada en especial. Dos hombres golpearon a la puerta. Uno se llamaba Orville Hubbard. Orville solía trabajar en los campos petroleros. Tenía una educación mínima y era un tipo muy normal y corriente. El otro se llamaba Dick Wolf. Dick había conocido a aquella joven familia cuando las dos esposas estaban en el hospital dando a luz al mismo tiempo. Preguntaron si podían pasar, porque querían hablarle a la familia durante unos minutos sobre algo realmente importante para ellos. Como no tenían mucho que hacer, el marido los invitó a pasar. Se sentó en el sofá con su esposa mientras Orville y Dick Wolf comenzaban a presentarles el evangelio. Les hablaron sobre lo que realmente significaba tener una relación con Jesucristo. La pareja permaneció sentada escuchando. Hay un detalle pequeño pero importante que no quiero olvidar. Estaba allí un muchachito, jugando con sus camiones en el piso. Tenía unos ocho años. Todos pensaban que él simplemente jugaba con sus juguetes, pero aquel niñito estaba atento a cada palabra. Ese día todo cambió para la familia. La semana siguiente, la mamá, el papá y el pequeño hijo entregaron sus vidas a Cristo y se bautizaron. Dos hombres comunes habían dicho «*dondequiera*» y Jesús les había señalado la casa de esa familia.

Creo que corresponde decirles que yo no estaría escribiendo este libro en 2011 si ellos no hubieran hecho eso en 1956. A la pareja que respondió al llamado a la puerta ese día yo los llamo abuelo y abuela. Ese pequeño de ocho años que jugaba en el piso con sus camiones era mi papá. Algún día en el cielo les voy a agradecer a Orville y a Dick por haber sido seguidores y no fans. Estoy seguro de que podrían haber encontrado otras cosas que hacer ese día. Me parece que debían haber estado bastante nerviosos cuando llamaron a la puerta. Estoy seguro de que la situación no les resultó cómoda. Pero dos hombres, a los que no he conocido, decidieron seguir a Jesús dondequiera y acabaron frente al porche de mis abuelos.

¿Yo dije «dondequiera»?

La forma en que Jesús le responde a ese fan de Lucas 9 revela algunas de las razones por las que es difícil decirle a Jesús «dondequiera». Jesús habla de que seguirlo constituye una travesía riesgosa e incierta. Si el hombre decide seguir a Jesús, no sabrá hacia dónde va, y ni siquiera si va a contar con un lugar en el que estar. Dice que no en cuanto a seguir a Jesús en parte porque tiene miedo de decir que sí. Siempre que tememos aquello a lo que un compromiso pueda llevarnos, nuestra respuesta instintiva es decir que no. El temor siempre se hace esta pregunta: «¿Y si...?». ¿Y si me caso y él no cambia? ¿Y si ella cambia? ¿Y si acepto el trabajo y la cosa no funciona? ¿Y si no tengo éxito en el asunto? Y con frecuencia es este «y si» el que nos preocupa cuando pensamos en asumir un compromiso con Cristo. ¿Y si él quiere que yo comunique mi fe y me señala la casa de mi vecino? ¿Y si él quiere que lo sirva y me señala un refugio de gente sin techo? ¿Y si él desea que yo adopte un niño y me señala el extranjero? ¿Y si él quiere que me reconcilie con algunas personas y me señala mi hogar de la infancia? Los psicólogos nos dicen que la primera manera en que la gente trata con el temor es evadirlo. Nos mantenemos lejos de la gente y de los lugares que nos causan ansiedad. Al profeta Jonás, del Antiguo Testamento, se le dijo que fuera a predicarle al pueblo de Nínive, pero Jonás tuvo miedo, y leemos en el versículo 3 del primer capítulo que Jonás se fue... para huir del Señor.

Otra razón por la que este hombre de Lucas 9 parece decirle que no a Jesús es porque el Señor lo llama a algo incómodo. Si tú le dices a

Jesús «Te seguiré a dondequiera que vayas», puedes estar seguro que él señalará un punto fuera de tu zona de confort. El estar «fuera de la zona de confort» se podría definir de esta manera: «Aquellos lugares en los que decirle que sí a Dios implique decirme que no a mí mismo». Les envié un e-mail a algunos amigos y les pedí que completaran esta oración: **Decirle que sí a Jesús en cuanto a seguirlo implica decirle que no...**

Aquí van las respuestas que recibí:

Decirle que sí a Jesús en cuanto a seguirlo significó decirles que no a mis hijos en cuanto a crecer en un hogar confortable en los Estados Unidos. (De unos amigos misioneros en África)

Decirle que sí a Jesús en cuanto a seguirlo significó decirle que no a pasar mi tiempo en el club con los amigos con los que había crecido.

Decirle que sí a Jesús en cuanto a seguirlo implicó no continuar viviendo con mi novio.

Decirle que sí a Jesús en cuanto a seguirlo significó decirle que no a retirarme y mudarme a la casa que estaba construyendo en Florida.

Decirle que sí a Jesús en cuanto a seguirlo significó decirle que no a la posibilidad de criar a mis hijos cerca de sus abuelos.

Decirle que sí a Jesús en cuanto a seguirlo implicó decirle que no a una vida tranquila y privada.

Al leer las respuestas, me di cuenta de que, en una forma o en otra, todas en realidad expresaban lo mismo: «Decirle que sí a Jesús en cuanto a seguirlo significaba decirle que no al confort».

No solo somos nosotros; con frecuencia nuestras familias nos empujan hacia una vida más confortable y segura. Puede ser que ellos quieran que nosotros sigamos a Jesús, pero les cuesta aceptar que Jesús nos pueda guiar a un lugar que implique riesgo y sacrificio. Cuando tenía veintiún años, sabía que Dios me llamaba a salir e iniciar una nueva iglesia. Pero nunca olvidaré una conversación que tuve con mi abuela cuando le dije que creía que Dios nos estaba llamando a establecer una iglesia en Los Ángeles. Deben saber que se trata de una mujer cristiana comprometida, pero creo que bien podríamos decir que ella pensó que nosotros estábamos locos. Me hizo todo tipo de preguntas. «*¿Qué pasará si se van allí y nadie asiste a la iglesia? ¿Y si no pueden encontrar un lugar de reuniones? ¿Y si la iglesia no cuenta con el dinero suficiente como para pagarte y tú no puedes sustentar a tu familia? ¿Tienen la seguridad de estar listos para eso? ¿Y si no funciona?*». Sé que preguntaba todo eso preocupada por mí. Ella no quería que yo me pusiera en riesgo. Mi abuela tenía buenas intenciones, pero si hubiéramos hecho las cosas a su manera, yo me habría mudado a un cuarto extra en su casa, y ella me habría cocinado panecillos de canela y llevado un vaso de leche todas las mañanas. Estaba contenta con que yo siguiera a Jesús «dondequiera» en tanto que «dondequiera» representara un lugar seguro y libre de riesgos.

Definir el dondequiera

El hombre se para frente a Jesús y le dice «dondequiera»; pero no estoy seguro de que entienda realmente a qué se está comprometiendo. Y Jesús le pone un poco de carne a sus palabras para que él pueda ver lo que implica la palabra «dondequiera». Jesús le ayuda a comprender que «dondequiera» muy bien podría incluir el viajar de pueblo en pueblo y vivir como una persona sin hogar, en las calles. Dudo que pensara en eso cuando se comprometió a ir «dondequiera».

Me recuerda a las veces en que me siento a hablar con una pareja antes de llevar a cabo la ceremonia de casamiento. Trato de darles tanto al novio como a la novia la versión sin editar de lo que es un matrimonio. Muchos de ellos van al matrimonio llevados por una mentalidad romántica de cuento de hadas y en verdad no tienen idea de qué es aquello a lo que se comprometen. Trato de pintarles un cuadro de las implicancias de los votos que están a punto de hacerse el uno al otro luego de que pase un año de la boda. Le digo a la esposa: «Después de un año de matrimonio, cuando estés lista para irte a la cama y pases por la sala de estar, te darás cuenta de que tu marido ha engordado más de seis kilos. Él estará sentado en el sofá mirando un canal de deportes y tragándose un gran tazón de cereales.[2] Entre bocado y bocado, utilizará esa misma cuchara para rascarse la espalda». Y luego me vuelvo al futuro marido y le digo: «Para ese entonces ella va a comenzar a hablar como tu mamá, diciéndote que no sorbas con ruido y que comas el cereal en el desayunador. Entonces la mirarás y la encontrarás parecida a tu madre. Llevará puesto el camisón más modesto que jamás se haya confeccionado y tendrá crema anti-acné en la cara». Quiero que comprendan a qué se están comprometiendo. Una de las cosas que suelo hacer es repasar los votos palabra por palabra y pintar un panorama de lo que significan. No se trata simplemente de palabras poéticas que uno recita en el día de la boda. Son palabras que tienen implicancias:

En las buenas o en las malas. Cuando él recibe un ascenso laboral. Cuando lo despiden. Cuando ella descubre que está embarazada. Cuando pierde un bebé. Cuando compran su primera casa. Cuando no pueden vender su primera casa y tienen que mudarse a un apartamento.

En riqueza o en pobreza. Cuando te queda algo con que hacer una buena comida. Cuando no has comido más que fideos durante la última semana. Cuando has ahorrado dinero como para jubilarte. Cuando los números están en rojo y aún faltan cuentas por pagar.

En salud o enfermedad. Cuando él es fuerte y puede llevarte en brazos al cruzar la puerta. Cuando es anciano y necesita que empujes su silla de ruedas. Cuando ella es joven y vital. Cuando está más vieja y cansada.

Cuando recién nos casamos, mi esposa y yo fuimos a visitar a una pareja de nuestra iglesia que pasaba por un momento difícil. El marido

---

[2] Tienes que reconocerle algún mérito si se trata de Frosted Flakes.

tenía un cáncer y estaba siendo tratado con una combinación muy agresiva de quimioterapia y rayos. Durante varias de las últimas semanas se había ido consumiendo. Estábamos en su dormitorio, leyendo las Escrituras y preparándonos para orar por él, cuando notamos un fuerte olor. Era obvio que él había tenido un accidente, así que oramos rápidamente y nos retiramos. Mi esposa y yo nos quedamos en la sala de espera, tomados de la mano. Me daba cuenta de lo que sucedía del otro lado de la puerta. Aquel hombre estaba demasiado enfermo como para controlar sus intestinos y demasiado débil como para higienizarse solo. Su esposa le estaba cambiando el pañal. Luego de unos minutos, ella salió, y yo nunca olvidaré lo que nos dijo. Con una leve sonrisa en el rostro, declaró: «En salud y enfermedad». Y recuerdo haber pensado: «Así es. Eso es lo que las palabras significan».

Eso es lo que le sucede al hombre de Lucas 9. Le dice a Jesús Te seguiré a dondequiera que vayas. Jesús le responde: El Hijo del hombre no tiene dónde recostar la cabeza. Y el hombre piensa: « ¡Ah! Eso es lo que significa esa palabra».

Contrastemos la repuesta de este hombre en Lucas 9 con la de Mateo cuando decidió seguir a Jesús. Mateo, como levita, sabía que seguir a Jesús implicaba dejar todo atrás. Sabía que se tendría que alejar de una existencia confortable y predecible para seguir a Jesús a lo largo de un sendero incierto.

Cuando alguien finalmente resultaba aceptado como seguidor de un rabí, dejaba su hogar, su trabajo y cualquier otra cosa que pudiera retenerlo, y seguía al rabí literalmente a cualquier lugar que él fuera. «Dondequiera» no era solo una palabra para expresar compromiso; «dondequiera» se convertía en un estilo de vida. Así que si el rabí decidía ir al mercado, sus discípulos lo seguirían. Y si un rabí determinaba irse a otro pueblo, sus discípulos lo seguían. Si el rabí necesitara visitar a algún enfermo del área, sus estudiantes lo seguirían. Cuando el rabí dormía, sus discípulos dormían también. Cuando el rabí comía, sus discípulos comían. Estaban junto a él a cada paso, cada día. La idea de seguir al rabí de un modo cercano la capta un dicho judío que se ha hecho popular en los círculos cristianos: «Que te cubra el polvo que él levanta».

La manera más literal de definir a un «seguidor de Jesús» es: «alguien que va donde Jesús va». No sé como puedes llamarte seguidor de Jesús cuando te rehúsas a ir a donde Jesús ha ido. Si tú sigues a Jesús «dondequiera», te guiará a un pecador con el que otros no quieren ser vistos. Te encontrarás entre enfermos que otros tratan de evitar. Si sigues a Jesús, debes esperar que te critiquen algunos de los religiosos con los que te encuentres. Si sigues a Jesús puede que descubras que tu familia piensa que estás loco... La de Jesús lo pensó. Puedes llegar a ser injustamente acusado y aún tratado injustamente por aquellos que ocupan cargos políticos. Finalmente, si tú sigues a Jesús «dondequiera», no acabarás cubierto por el polvo que él levante, acabarás cubierto por su sangre.

La historia de alguien que no es un fan

Rachelle Starr

Por ser una muchacha criada en un hogar cristiano, nunca había entrado a un club de strip-tease en mi vida. Pero sentí el llamado de Dios a alcanzar a las mujeres de la industria del sexo. En verdad no sabía cómo iba a hacerlo, pero Dios me había dado pasión por lograr que aquellas mujeres conocieran cuánto las ama él y lo preciosas que son ante sus ojos. Sin embargo, ciertamente me ponía nerviosa la posibilidad de compartir esa idea con otros. Lo que quiero decir es que ir a un club de strip-tease no es precisamente algo típico para una muchacha criada en la iglesia. Pero cualesquiera fuesen mis dudas, sabía que

Dios me estaba llamando a entrar en acción. Él deseaba de mí más que sentimientos de compasión por las mujeres que estaban en la industria del sexo. Quería que hiciera algo al respecto.

En 2008, comencé con Scarlet Hope, un ministerio que trata de alcanzar a las mujeres involucradas con la industria del sexo. Les llevamos comidas completas, al estilo del sur, a los clubes de strip-tease. Nuestra oración es poder no solo alimentar sus estómagos, sino también su hambre espiritual más profunda. En algunos de los clubes, las peinamos y maquillamos para poder pasar un tiempo frente a frente con las chicas. Eso nos da la oportunidad de orar con las mujeres allí, en medio de un club de strip-tease. ¿Cuántas oportunidades tenemos de que esto suceda?

A través de este ministerio, he visto corazones cambiados y vidas tocadas cuando muchas de esas mujeres se volvieron a Cristo buscando perdón y un nuevo comienzo. Con toda sinceridad, mi corazón y mi relación con Jesús han sufrido también un cambio drástico. Con frecuencia he visto a Jesús aparecerse en el fondo del vestuario de un club de strip-tease. Muchas bailarinas se han abierto con nosotras, nos han transmitido sus luchas, nos han pedido oración, y algunas hasta han aceptado nuestra invitación de asistir a la iglesia.

Resulta gracioso, pero las bailarinas han considerado llamarnos «las damas de la iglesia». Nunca pensé acabar con un título tan tradicional al realizar un trabajo tan radical para Dios, pero creo que esa es la clase de damas de la iglesia que Dios me ha llamado a ser. Mi nombre es Rachelle Starr, y no soy un fan.

cuando quiera.
¿qué tal ahora?

Recientemente me encontré con un sitio Web denominado La madre de todas las excusas. Había sido armado para que la gente pudiera compartir las excusas que había utilizado y otros pudieran beneficiarse de ellas. Hay más de 400 excusas que podrían ser usadas en el trabajo. Y más de 500 por no haberse presentado a clases. También varios cientos de excusas para cancelar una cita. Otras para hacer trampas en las dietas y, por supuesto, excusas para cuando te para la policía.

Aquí incluyo algunas de mis favoritas, que supuestamente son verdaderas:

Llegaré tarde al trabajo porque la farmacia está en el proceso de mezcla de una pomada para mí.

No puedo llegar porque mi esposa está programada para concebir un bebé hoy.

No puedo ir a trabajar hoy porque hay voces en mi mente que me dicen que limpie mis revólveres hoy.

Tengo que cancelar mi compromiso para hablar esta noche porque me perforé el tímpano por ser demasiado agresivo con el uso de los hisopos (Sí, esa es mía).

El primer postulante a seguidor que consideramos en el último capítulo se acerca a Jesús. Pero a este segundo, Jesús se le acerca. No sabemos mucho de él más allá de la excusa que usó para no seguir a Jesús.

> A otro le dijo: —Sígueme. —Señor —le contestó—, primero déjame ir a enterrar a mi padre. —Deja que los muertos entierren a sus propios muertos, pero tú ve y proclama el reino de Dios —le replicó Jesús Lucas 9:59-60).

A ese hombre Jesús lo invita a seguirlo. No se nos dice su nombre. De haber estado de acuerdo en seguirlo, conoceríamos su nombre. En lugar de hablar de los doce discípulos, podríamos tal vez hablar de los trece discípulos. Pero él no dice que sí, y las Escrituras no nos cuentan quién es y su historia ha sido olvidada ya hace tiempo.

Jesús le dice la misma palabra que a Mateo y a los otros discípulos. Le hace a este hombre la misma invitación que nos ha hecho a ti y a mí: «Sígueme».

El hombre parece dispuesto. Da la impresión de que desea aceptar la invitación a seguirlo. La primera palabra que emite su boca es «Señor». Se refiere a Jesús con el mismo título que un esclavo le daría a su amo. Esa es una señal de que sabe lo que Jesús le está pidiendo. Pero la segunda palabra es «primero». Desea seguir a Jesús pero ahora no es un buen momento. Trata de darle una excusa que postergue la propuesta de Jesús por un tiempito.

Jesús no parece interesarse en la excusa del hombre, pero debo decirles que su excusa me parece razonable. Quiere llevar a cabo el funeral de su padre. ¿No está siendo Jesús un poco duro? Por qué no permitirle al tipo que vaya a enterrar a su padre. Deberíamos señalar que probablemente el padre de ese muchacho todavía estuviera vivo y que, más allá de sufrir una gripe o quizá una molestia en la rodilla, gozara de buena salud. La expresión «déjame ir a enterrar a mi padre» es otra manera de decir: «Cuando mis padres mueran, te seguiré». No sabemos por qué va a esperar él a que mueran.

cuando quiera. ¿qué tal ahora?

¿Será que no aprueban que su hijo siga a este rabí controvertido y poco convencional?

¿Teme decirles que no continuará con el negocio de la familia?

¿Está esperando recibir su parte de una herencia significativa?

Cualquiera sea el motivo, hay un sentir en la mayoría de nosotros de que eso huele a excusa. No se trata de que no esté dispuesto; simplemente no es un buen momento. No dice que «no»; lo que dice es «no ahora». Sospecho que hay un montón de fans que se sienten bien con una relación a medias con Jesús porque tienen la seria intención de un día comprometerse por entero y jugarse por él. No se sienten culpables de no seguir a Jesús porque en su mente saben que un día lo harán. Se sienten libres de culpa por tener una fe tibia dado no le han dicho que no a Jesús; simplemente lo están dejando para más tarde.

¿Y cómo responde Jesús a la excusa de este hombre de ir primero a enterrar a su padre? Jesús no le dice: «Comprendo. Tú sabrás cuando sea el tiempo oportuno». No le dice: «No quiero ponerte presión. Tómate tu tiempo». No le dice: «Cuando estés listo te estaré esperando aquí». Lo que le dice es: *Deja que los muertos entierren a sus propios muertos*». Eso nos da una señal acerca de cómo se siente Jesús por nuestras excusas y postergaciones.

Contrastemos la respuesta de este hombre con la de los primeros discípulos que Jesús llamó a seguirlo:

> Mientas caminaba junto al mar de Galilea, Jesús vio a dos hermanos:
> uno era Simón, llamado Pedro, y el otro Andrés. Estaban echando la red
> al lago, pues eran pescadores. «Vengan, síganme —les dijo Jesús—,
> y los haré pescadores de hombres.» Al instante dejaron las redes y lo
> siguieron.

199

Más adelante vio a otros dos hermanos: Jacobo y Juan, hijos de Zebedeo, que estaban con su padre en una barca remendando las redes. Jesús los llamó, y dejaron en seguida la barca y a su padre, y lo siguieron.

Mateo 4:18-22

En el versículo 20 dice «al instante», y en el versículo 22, «enseguida». Este es el compromiso que Jesús busca en sus seguidores. Cuando se les pregunta a los fans sobre cuándo van a asumir con seriedad su compromiso de seguir a Jesús, la respuesta más corriente es mañana. Existe la tendencia a tratar nuestra relación con Jesús al igual que la dieta que siempre pretendemos comenzar. Voy a empezar a comer bien tan pronto como termine este pastel de pollo. Con seguridad, mañana. Tratamos nuestra relación con Jesús como el programa de gimnasia que intentamos iniciar. Nos vamos a la cama diciéndonos: *«Mañana voy a despertarme temprano y voy a hacer ejercicios».* Y a la noche siguiente nos volvemos a meter a la cama prometiéndonos: *«Mañana, seguramente».*

En la invitación que Jesús nos extiende a seguirlo hay una fecha de vencimiento, y dice: HOY. La palabra mañana no está dentro del vocabulario del Espíritu Santo. Cuando Jesús nos llama a seguirlo, él pretende que sea inmediatamente. Quiere decir, hoy.

La pregunta es esta: ¿Cuánto hace que vienes diciendo mañana? Técnicamente, si lo dijiste ayer, entonces hoy es ese mañana, y eso significa que el tiempo es ahora. Pero aunque al leer esto estés de acuerdo, probablemente haya una parte de ti que como el hombre de Lucas 9 diga: «Primero permíteme...»

Tengo un amigo llamado Scott que es unos diez años mayor que yo. Me contó que iba a la iglesia cuando estaba en la secundaria y en verdad sintió que Dios lo llamaba a tomar con seriedad la relación con él, pero Scott le dijo: *«Lo haré, pero primero permíteme graduarme de la escuela secundaria. Me lo tomaré en serio cuando esté en la universidad».* Scott se graduó de la secundaria, y cuando estuvo en la universidad Dios lo llamó otra vez a ser un seguidor comprometido, y otra vez Scott le dijo: «Lo haré con seguridad, pero primero permíteme graduarme de la universidad». Luego de obtener su diploma, Dios le dijo: «¿Y ahora?». Scott le respondió: *Lo haré, pero déjame encontrar un trabajo primero*. Encontró trabajo y quedó absorbido por su trabajo. Pero le prometió a Dios: *Voy a tomarme en serio el seguirte, pero primero voy a casarme y dejar que las cosas se encarrilen*. Finalmente se casó y con su esposa tuvieron algunos niños. Cuando los niños eran pequeños, él y su esposa hablaron sobre volver a la iglesia, pero nunca les parecía que fuera el tiempo adecuado. Durante más de veinticinco años Scott le dijo a Jesús mañana. La buena noticia es que recientemente Scott escuchó a Jesús decirle: «¿Y ahora?» y le respondió. Al fin se convirtió en un seguidor absolutamente comprometido con Cristo.

Su historia es una que suelo escuchar con frecuencia. La gente pospone el seguir a Jesús de todo corazón. Durante años le dicen a Jesús «mañana». Aunque estoy feliz de que el mañana finalmente llegó para Scott, él les diría que perdió un montón en esa tierra del mañana. Su esposa lo dejó y se llevó los niños. Logra verlos cada quince días, lo que le ha dejado mucho tiempo para asistir a las reuniones. La tierra del mañana es donde uno encuentra el divorcio, las adicciones, y deudas inmanejables. En la tierra del mañana uno encuentra cónyuges infieles e hijos pródigos.

Luz intermitente

He descubierto que para los fans que siempre le dicen a Jesús «mañana» con mucha frecuencia el mañana solo se convierte en hoy cuando la tragedia los golpea y sus sueños se hacen añicos. Después de años de posponerlo, finalmente se vuelven a él en la desesperación, listos a entregarle a él toda la vida. Puede ser que esté destrozada en mil pedazos, pero finalmente se la entregan.

Jesús no solo les ha estado susurrando «sígueme» a algunos de ustedes. Les ha estado gritando, con la esperanza de llamar su

atención antes de que pierdan nada más en la Tierra del Mañana.
Ya les conté sobre el automóvil Plymouth Breeze que solía conducir.
No estoy muy seguro sobre cómo acabé comprando ese automóvil.
Nadie jamás planea conducir un Plymouth Breeze. La gente no ahorra
para adquirirlo; se trata de un automóvil que la gente acaba teniendo.
Siempre parecía haber algo mal en ese vehículo. En una ocasión la
luz del tablero que indicaba problemas con el motor se encendió. Abrí
el capó y miré el motor pero era todo lo que yo sabía hacer. Para
ser veraz, les diré que no era un capó fácil de abrir. Cada vez que le
daba arranque al automóvil, la luz comenzaba a titilar. Me convencí
a mí mismo de que no era nada. De todos modos, no tenía dinero
como para arreglarlo. Pero tenía que hacer algo con la luz que titilaba.
Además de resultar molesta, cuando llevaba gente, me lo señalaban.
¿Sabes que se ha encendido la luz que indica algún problema con
el motor? Así que esto es lo que hice: Conseguí un pedazo de cinta
aisladora negra y la puse sobre la luz titilante del tablero. Problema
solucionado. Ya no había una luz intermitente. Pasaron unos cuantos
meses y luego, un día, al salir del supermercado en dirección a mi
casa, encendí el motor, traté de acelerarlo, pero no anduvo para nada.
Tenía que ver con algo llamado transmisión. El fabricante del automóvil
había diseñado el motor de tal manera que cuando hubiera algo que
no funcionaba bien, la luz comenzara a titilar. Tiene la finalidad de
llamarnos la atención y hacernos saber que algo anda mal. Uno puede
ignorar esa luz y cubrirla con cinta aisladora. Uno puede fingir que
todo está bien. Pero las luz intermitente tiene que ver con un sistema
de advertencia temprano, y si uno le presta atención puede evitarse
estrés, sufrimiento y posteriormente una pequeña fortuna. Así que
cuando esa luz se enciende, constituye un llamado a la acción.

Hay consecuencias naturales que vienen cuando nos rehusamos
a seguir a Jesús y en lugar de eso seguimos con nuestro propio
camino. No digo que sea Dios el que causa esas cosas, sino que con
frecuencia el permite que parpadeen esas luces para llamarnos la
atención y para que entremos en el camino correcto y lo sigamos.

Podría contarles historia tras historia sobre fans que le han dicho a
Jesús «mañana» vez tras vez, y que solo cuando la vida de pronto les

resultó desbordante ese mañana se convirtió en hoy. Ed se entregó luego de haber perdido su trabajo. Era un ejecutivo que vivía un estilo de vida ejecutivo. Ahora no sabe cómo va a pagar las cuentas. El estrés se está cobrando su cuota no solo sobre su matrimonio, sino también sobre su salud. Por primera vez en su vida no es autosuficiente. Por primera vez en su vida sus oraciones no son frases repetidas que aprendió de chico... Está necesitado. Está desesperado y se vuelve a Dios de una forma en que jamás lo hubiera hecho si no hubiera perdido su empleo. Para él fue fácil ser un fan de Jesús, mientras ganaba medio millón de dólares por año. Pero ahora, por primera vez en su vida, no es un fan, es un seguidor.

Kathy había estado casada por más de veinte años cuando su marido decidió que deseaba volver a estar soltero. Debido a su divorcio, ella ya no era bienvenida en la iglesia de la que había formado parte desde niña. Llegó a nuestra iglesia quebrada y amargada. Pero por primera vez esa asistente a la iglesia de toda la vida comenzó a ver que la Biblia le hablaba directamente a ella. Y decidió escuchar. En su soledad y amargura, escuchó el mensaje de Jesús diciéndole: «Vengan a mí todos ustedes que están cansados y agobiados, y yo les daré descanso». Y se volvió una seguidora.

Yo estoy parado llevando adelante el funeral de Alice. Su automóvil fue atropellado por un camión remolcador y ella murió instantáneamente. Era una maravillosa cristiana. Siempre estaba en la iglesia ofreciéndose para hacer todo lo que fuera necesario. Y siempre oraba por su marido Bob. Bob nos visitaba una vez al año, para el Día de la madre, como para aplacar a su esposa. Mantenía los ojos cerrados durante la mayor parte de mi sermón. Y se cruzaba de brazos. Ahora, mientras me encuentro detrás del púlpito, elogiando a su esposa, por primera vez siento que escucha y Dios le está hablando. Más tarde esa noche, voy a su casa y él me invita a pasar. Ha sacado la Biblia de ella y la ha estado leyendo. Pocas semanas después camina hacia el frente por el mismo pasillo por el que se llevaron el cajón de su esposa, y con lágrimas en los ojos dijo: «Estoy dispuesto».

Hay muchas otras historias que podría contarles: a una hija se le diagnostica cáncer, padres que se divorcian, adicciones que parecen imposibles de derrotar, un futuro que se ve abrumador, una relación que se derrumba... y entonces algo sucede. De pronto, el tener un poquito de religión no resulta suficiente. Jesús se convierte en algo más que uno que lleva puesta una banda azul; se transforma en la única esperanza y ellos deciden seguirlo.

El después es nunca

La parte más peligrosa de dejar para mañana el seguir a Jesús no es lo que uno pierde entre el ahora y el después. Eso no es lo peor que puede suceder. Lo peor es que el mañana puede no llegar nunca. La verdad es que cuanto más lo pospones, probablemente el seguirlo nunca suceda.

Decirle «mañana» a Jesús es como apagar el despertador a la mañana y seguir durmiendo. Digamos que colocas la alarma para las seis de la mañana. La alarma suena. Te despierta, pero sientes que puedes aprovechar diez minutos más. A la mañana siguiente suena una y otra vez y tú la apagas. A la semana siguiente tú apagarás el despertador tres o cuatro veces cuando suene, y la alarma tendrá que sonar más largamente para poder despertarte. Yo tengo una de esas endemoniadas alarmas que suena cada vez más fuerte hasta que uno la apaga. Pero cuanto más uno se acostumbra a apagarla, más difícil resultará oírla y responder a ella la próxima vez, y finalmente descubrirás que simplemente sigues durmiendo mientras suena. Jesús te dice: «Sígueme». Y tú le dices: «Diez minutos más». Cuanto más lo silencies es probable que él logre, cada vez menos, llamar tu atención.

Cuando estaba en la universidad conocí el principio de comportamiento humano expresado en estos términos: «tal como es ahora, así será después». Dicho simplemente, el principio «tal como es ahora, así será después» presenta la idea de que lo más probable es que los hábitos actuales sean los que predigan cuáles serán nuestras prácticas en el futuro. La mayor parte de las veces, la decisión que uno toma hoy será la que tome mañana. Si uno no lo hace ahora no hay razón para pensar que lo hará después.

Hebreos 3:15 dice:

> «Si ustedes oyen hoy su voz, no endurezcan el corazón».

El tiempo es ahora. El día es hoy. No te digas a ti mismo que mañana comenzarás a ser generoso con aquellos que están en necesidad. No te digas a ti mismo que mañana vas a cruzar la calle y presentarte al vecino. No te digas a ti mismo que mañana te vas a anotar para hacer un viaje misionero, o inscribirte para un estudio bíblico, u ofrecerte como voluntario en un refugio, o llamar para ser aceptado como hogar de tránsito. Hoy es el día para comenzar a seguir a Jesús.

Nunca olvidaré el funeral que llevé a cabo para una jovencita de nombre Brittany Bevin. Tenía diecisiete años cuando murió en un accidente automovilístico. Cuanto más llegué a saber sobre Brittany, más me ha inspirado su vida. Sus padres me permitieron leer su diario de oración, así podía llegar a conocer mejor a su hija. Lo abrí en el último registro. Había sido escrito la noche antes de morir. Esta es la oración que le escribió a Dios:

> Tú tienes la única paz que puede llenar el hueco más profundo. ¿Pero cómo la obtengo? Tú dijiste: «Pidan, y se les dará». Yo te estoy pidiendo y sé que tú me la darás. Cada semana me bendices tanto y me enseñas lección tras lección. Sé que una vez más me estás mostrando tu amor. No puedo llegar a sondear cuánto lo sientes cuando uno de tus hijos sufre, pero he logrado captar un vistazo de tu pesar. Por favor, lléname de tu sabiduría para que no observe simplemente a otros sufrir, sino que pueda decirles lo que necesitan oír. Ahora que una nueva semana se aproxima, mi peligrosa oración es que coloques en mi camino personas que tengan roto el corazón y que me llenes de ti de manera que pueda dejar que tu amor cure sus heridas.

Brittany recientemente había abierto una cuenta en el banco. Cuando su papá cerraba esa cuenta, descubrió que ella había emitido un solo cheque. Era para Compasión Internacional para apoyar a un niño. Antes de que yo hablara, su padre compartió unas pocas palabras. Esto es lo que dijo en un santuario lleno de sus amigos:

El día en que Brittany murió, no importaba la clase de ropa que llevara puesta. No importaba quiénes eran sus amigos. No importaba dónde iría a la universidad. No importaba el tipo de automóvil que ella conducía o en qué tipo de casa vivía. No importaba tampoco qué notas había obtenido ni cuántos goles había logrado hacer en el fútbol. Lo único que importaba era que tenía su fe puesta en Cristo y que ella conocía a Jesús como su Señor y Salvador.

Y continuó desafiando a los estudiantes a no dejar pasar otro día, porque no tenían ninguna garantía. Les preguntó: «Si murieras hoy, ¿cómo serías recordado?» No fueron solo los estudiantes los que salieron con la convicción de que hay cosas que precisan cambiar hoy. No mañana. Hoy.

La historia de alguien que no es un fan

Amy Turner

Uno nunca piensa que un viaje en taxi vaya a cambiarle la vida. Yo estaba en mitad de mi segundo viaje a la India, sentada en medio de un embotellamiento de tráfico en el centro del distrito Red Light. El sol que entraba a través de mi ventanilla de pronto fue bloqueado por una trabajadora. Su sari estaba andrajoso y roto y en sus brazos se veían moretones. Comenzó a hablarme y luego introdujo a su beba por la ventana abierta del taxi. Mi amiga e intérprete me explicó que lo que ella decía era que me llevara a la bebé conmigo en mi regreso a casa. La mujer estaba desesperada por lograr una mejor vida para su niña. Yo no soy madre, pero me puedo imaginar cuánto amaba ella a esa niñita que estaba frente a mí, y cuánto bien deseaba para ella. Nunca olvidaré ese momento.

Ella no fue la única mujer que corrió hacia el taxi durante mis numerosas visitas a un refugio en el distrito Red Light. Ese refugio era un lugar para que asistieran los hijos de las trabajadoras sexuales de modo que no pasaran todo el día en el burdel. Ese refugio les proveía educación y una comida a esos niños.

Conocí allí a un muchachito llamado Bittu. Bittu se convirtió en mi mejor amigo de inmediato. Se sentaba junto a mí y me llevaba del brazo mientras caminaba por ahí día a día. Me acompañaba hasta el taxi al final del día y yo lo miraba por la ventana ir hacia el laberinto de los burdeles. Por la noche yo pensaba cómo habría sido el resto de su día. ¿Estaba seguro? ¿Quiénes andaban alrededor de él? ¿Qué necesidades tenía? ¿Cómo sería su futuro? No asistía a la escuela porque nadie lo patrocinaba y su madre no podía afrontar su educación. Tenía una amplia sonrisa y siempre estaba feliz cuando nosotros visitábamos el refugio.

Cuando regresé de ese viaje estaba decidida a no permitir que mi vida volviera a su normalidad. Sabía que seguir a Jesús significaba hacer algo y hacerlo ahora. Él me estaba llamando a salir por completo de mi zona de confort. Comencé una fundación sin fines de lucro llamada Resc/You junto con los amigos que habían compartido mi primer experiencia en la India. Estamos haciendo todo lo que podemos para alcanzar con el amor de Dios a esos niños olvidados que viven en una atroz oscuridad y desesperación.

Juan 1:5 dice: «Esta luz resplandece en las tinieblas, y las tinieblas no han podido extinguirla». Seguir aquello que Jesús nos llama a hacer implica ir a lugares de oscuridad y ser una luz aún cuando resulte difícil y poco confortable. Sé que este es un tema muy grande como para abordarlo, pero cuando se mira de frente ese tipo de desesperación, se descubre lo que la fe significa para uno. Para mí, significa elegir seguir a Jesús y decir: «Dejen que los niños vengan a mí». Mi nombre es Amy Turner, y no soy un fan.

en lo que sea.
¿y qué de esto?

En Lucas 9 leemos sobre otro fan que desea ser un seguidor. Otra vez parece que se trata de alguien que está listo para comprometerse a seguir a Jesús:

> Otro afirmó: —Te seguiré, Señor; pero primero déjame despedirme de mi familia (v. 61).

Existen algunas similitudes entre este fan y el que vino antes de él. Aparentemente este sujeto se ha perdido la conversación de Jesús con el hombre que quería enterrar primero a su padre. Este fan, al igual que el otro, está de acuerdo en seguir a Jesús, pero no precisamente en ese momento. Primero (aquí aparece otra vez la palabra) quiere decirle adiós a su familia. De nuevo tengo que decir que ese parece un pedido razonable. ¡Vamos, Jesús, permítele a ese sujeto despedirse de su mamá y de su papá! Pero lo más probable es que lo que él pide sea más que ir a su casa para darles un rápido abrazo. La práctica cultural de decir adiós a la familia, cuando uno estaba por dejar la zona, hubiera implicado numerosas fiestas de despedida que podrían haber ocupado un período de varias semanas.

Jesús parece casi molesto de que el hombre haga un pedido semejante.

> Jesús le respondió: —Nadie que mire atrás después de poner la mano en el arado es apto para el reino de Dios (v. 62).

Jesús utiliza la analogía de alguien que ara un campo, pero que en lugar de prestarle toda la atención a su trabajo, mira hacia atrás. Jesús sabe que el pedido de ese hombre revela dónde está su corazón en realidad. No que el seguir a Jesús no sea importante para él, pero no constituye su principal prioridad. A menos de que el hombre esté dispuesto a dejar todo tras sí, simplemente las cosas no funcionarán. Él, al igual que muchos otros que hemos considerado, desea seguir a Jesús pero no con todo lo que tiene. No está dispuesto a jugarse. Hay algo más que atrae su atención, y constantemente mira hacia atrás.

Leí acerca de una extraña práctica de bautismo permitida por la iglesia a los Caballeros Templarios. Cuando la iglesia bautizaba a uno de los caballeros, ellos lo hacían junto con su espada, pero no introducían la espada debajo del agua. En lugar de eso, mantenían la espada hacia arriba, afuera del agua mientras el resto de su cuerpo se sumergía. Era la manera que tenían de decirle a Jesús: «Puedes tomar control de mí, pero no puedes tener esto. Jesús, soy todo tuyo, pero aquel que soy en el campo de batalla, lo que hago allí y cómo uso esta espada no forma parte del trato». Y si esa siguiera siendo la práctica hoy, imagino que no sostendríamos afuera una espada sino que muchos sostendrían afuera su billetera. Algunos otros un control remoto. Otros una computadora portátil.

Muchos fans le dicen a Jesús: «*Te seguiré. Todo lo que tengo te lo entrego*». Pero Jesús les señala lo que esconden a sus espaldas y les dice: «¿*Y qué de eso?*». Para Nicodemo era su reputación religiosa. Para el joven rico, sus posesiones. En cuanto a este hombre, parecería que sus relaciones familiares. Todos están deseosos de seguir a Jesús, pero la relación no lo incluye todo. Se aferran a algunas cosas del pasado.

Pensémoslo de esta manera: Tú has estado saliendo con alguien por algunos meses y las cosas comienzan a ponerse más serias. Se sientan a conversar para definir la relación y esa persona expresa el deseo de pasar de una relación informal a algo más comprometido. Tú le haces claro que también estás listo a dar el próximo paso. Supones que eso significa una exclusividad, pero unos pocos días después tomas prestado el teléfono de esa persona y ves una cantidad de llamadas, recibidas y realizadas, al número de alguien con el que solía salir. Bien, eso es un problema. Si va a comprometerse contigo, significa que no puede mirar atrás. No funciona cuando se pone una mano en el arado, y se mira hacia atrás, por encima del hombro, hacia alguna otra relación romántica del pasado.

Jesús no desea seguidores que tienen divididos sus afectos o una lealtad compartida con otros. Así que señala en dirección a aquello que tú valoras más o que más te preocupa y te dice: «¿Y qué de eso?».

A Pam Jesús le preguntó: «¿Y qué de la comida?». Durante años ella se volvía a la comida y no a Jesús como su fuente de confort y satisfacción. Finalmente se dio cuenta de que no podía llamarse una seguidora de Jesús si no estaba dispuesta a rendirle esa área de su vida.

Steve dijo: «Quiero seguir a Jesús con todo». Y Jesús le preguntó: «¿Y qué de tu elección en cuanto a entretenimientos?». Steve deseaba ser un seguidor de Jesús, pero durante un largo tiempo siguió dándose vuelta para mirar programas de televisión y sitios de Internet que le producían lujuria. Deseaba seguir a Jesús, pero no con ambas manos en el arado; seguía mirando hacia atrás.

Jesús le dijo a Stephanie: «¿Y qué de tus hijos?». Stephanie se llamaba seguidora de Jesús, pero su vida no giraba en torno a Jesús. Su vida giraba en torno a sus hijos. Era en ellos que hallaba su mayor gozo. Sus hijos eran la fuente de sus mayores temores y ansiedad.

A Doug Jesús le preguntó: «¿Y qué de tu dinero?». A través de los años Doug no había encontrado su identidad y auto valía en ser un discípulo de Jesús sino en el dinero y en las cosas que el dinero podía comprar. Con la economía en baja, Doug ha comenzado a darse cuenta de que aunque decía seguir a Jesús, había dedicado la mayor parte de su tiempo y atención a darse vuelta para mirar hacia atrás.

Hay una tremenda historia en el Antiguo Testamento que ilustra el tipo de compromiso que Jesús busca. La leemos en 1 Reyes 19. Al profeta Elías se le dice que elija a Eliseo como su sucesor. Cuando lo encuentra, Eliseo está en un campo, arando con doce yuntas de bueyes. Eso indica el nivel de riquezas de Eliseo. Le está yendo muy bien. Me pregunto si Elías habrá pensado algo así cuando se le acerca: «Esta no va a ser una operación fácil; Eliseo tendrá que dejar mucho detrás». Si Eliseo decide responder a la invitación de Dios de seguirlo como profeta, eso requerirá que deje atrás a sus amigos, su familia, y su exitosa carrera. Cuando Eliseo escucha la invitación, no intenta mantener su negocio en funcionamiento como algo lateral. No intenta negociar un contrato para que sea algo de medio tiempo. En cambio, leemos que Eliseo mata sus veinticuatro bueyes. Luego reúne todos los arados de su granja y los quema haciendo un fuego. La gente de esa comunidad se acerca a su granja y él asa los bueyes y se los sirve a todos sus vecinos. Eso constituye una declaración con respecto a que no va a mirar atrás. Desea poner toda su atención en el arado que Dios le ha dado, así que quema los antiguos. No tiene pensado volverse atrás.

Cuando aceptas la invitación de Jesús a seguirlo, no solo estás diciendo que él es la prioridad mayor en tu vida; lo estás convirtiendo en la única prioridad. Él te desea ardientemente, pero no va a compartirte. No va a aceptar un arreglo por nada menos que una atención indivisa de tu parte y un compromiso completo. Él quiere que inviertas en él más de lo que inviertes en la bolsa. Desea que le entregues más de tu tiempo y talento de los que le entregas a tu oficina. Desea que derroches más gozo y energías en adorarlo que en mirar un partido importante.

Cuando yo estaba en la escuela secundaria, unos amigos cercanos de mis padres pasaron por un divorcio. Ella había sido infiel. La aventura se había prolongado durante un tiempo y su marido estaba devastado, totalmente quebrado. Amaba a su esposa, y quería lograr que el matrimonio funcionara. Pero el otro hombre del cuadro también la quería. Los dos estaban procurándola. Los dos iban tras ella. Y ella tenía que elegir.

Una noche, en medio de toda esta situación, mi papá vino a mi cuarto a orar conmigo, y oramos por esa familia. Pero antes de orar, hablamos un poco sobre la situación. Le dije a mi papá: «¿Qué harías si te pasara algo como esto? ¿Qué harías si fuera ese marido?».

Nunca olvidaré su respuesta. No era lo que yo esperaba. Mi papá es uno de los hombres más amables y llenos de gracia que he conocido. Pero él me dijo: «Bueno, bajaría las escaleras. Buscaría un bate de béisbol. Le haría un agujero en el mango. Le ataría una tira de cuero. Me pondría esa tira alrededor de la muñeca. Iría a la casa de ese hombre y le diría que si lo encontraba a menos de cien metros de mi esposa le rompería las dos piernas».

Entonces dijo: «Oremos». Recuerdo haberme sorprendido un poco por su respuesta. No podía imaginar que mi padre me dijera todo eso. Como alumno de escuela secundaria, no lo entendí. Como hombre casado, lo entiendo.

Esa es la forma en que Dios nos ama, y la manera en que quiere ser amado por nosotros. Por favor compréndelo: Jesús te ama mucho. Él murió para mantener una relación contigo. No va a compartir tu corazón con nadie más. No va a aceptar nada menos que una devoción total y un afecto profundamente sentido. No hizo acuerdos cuando vino a dar su vida por ti, y no hace acuerdos ahora cuando te pide que tú hagas lo mismo.

La razón por la que Jesús es tan inflexible en cuanto a que los seguidores lo entreguen todo es esta: aquello que te muestras más remiso a entregar es lo que mayor potencial tiene para convertirse en sustituto de él. En verdad, de lo que hablamos aquí es de idolatría. Si seguimos a Jesús, que va delante de nosotros, y nos descubrimos mirando hacia atrás, revelamos que lo estamos sustituyendo por alguien o algo.

Cuando finalmente rendimos eso, descubrimos la satisfacción que viene de seguir a Jesús, satisfacción que estaba ausente mientras reteníamos algo.

Sé que tenemos una cierta reticencia a jugarnos y darle a Jesús todo. Tememos perder. Pero Jesús dice: «¿Me amas? ¿Confías en mí?

Entonces rinde todo y ven y sígueme». Cambiar todo lo que tenemos por todo lo que él ofrece es el mejor trato que jamás podríamos hacer. Jim Elliot, el famoso misionero que dio su vida tratando de alcanzar a los indios Aucas en el Ecuador, una vez lo dijo de esta manera: «*No es ningún tonto aquel que entrega lo que no podría conservar para ganar aquello que no puede perder*».

El Salmo 106:19-20 reflexiona sobre el momento en que los israelitas adoraron a la imagen de oro mientras Moisés estaba en el monte recibiendo de Dios los Diez Mandamientos. Así es como el salmista explica lo que ellos hicieron:

> Hicieron un becerro en Horeb, se postraron ante una imagen de fundición. Así cambiaron su gloria por la imagen de un buey que come hierba (RVR95).

Ese no fue un buen canje. Cuando nosotros retenemos algo, cambiamos aquello que nos rehusamos a entregar por la oportunidad de seguir a Jesús.

¿Has cambiado el seguir a Jesús en obediencia por un automóvil que tiene agarre en las curvas? ¿Has cambiado el seguir a Jesús por un trabajo cuya paga es realmente buena? ¿Has cambiado el seguir a Jesús por una casa de la mejor categoría? ¿Has cambiado el seguir a Jesús por el índice bursátil? ¿Has cambiado el seguir a Jesús por seguir a la liga de fútbol que te apasiona? No has hecho un buen canje. Entiendo que ninguna de esas cosas es mala o pecaminosa en sí misma, pero para muchos de nosotros esas buenas cosas se han convertido en objetos que reemplazan a Dios. Se han vuelto demasiado importantes y no nos dejan seguir a Cristo con todo nuestro corazón. Agustín se refiere a estas cosas como a «amores fuera de orden». Pueden ser legítimos, pero están fuera de orden en nuestras vidas.

Como pastor he oficiado docenas y docenas de funerales a través de los años. Con mucha frecuencia, la persona fallecida no es alguien al que conozca. Para ayudarme a hablar del fallecido en un nivel más personal, invito a la familia a reunirse alrededor del féretro y compartir historias y recuerdos de aquel amado. Me suelen contar sobre las cosas a las que eran aficionados y aquellas que los apasionaban. Esa es la forma en que se identifica y conoce a una persona. Era un golfista ferviente. Era una prolífica confeccionista de acolchados. Fue un gran fanático de los deportes. Era una decoradora muy dotada. A él le encantaba fumar un buen cigarro y era un apasionado coleccionista de cigarros. A ella le encantaban los shows de Broadway y fue una gran fan del Fantasma de la Opera. Era un entusiasta de los automóviles. Era una música talentosa. Fue un hombre de negocios brillante. Ella fue la madre más amorosa. Fue el papá que más aliento brindaba.

Yo anoto las diferentes maneras en que se describe a la persona que se ha ido. Pero mientras esa persona es recordada y descrita, yo oro así: «Por favor, díganme que esa persona amaba a Jesús. Es muy bueno que ella haya sido una madre afectuosa, una decoradora muy dotada y una música talentosa, pero por favor díganme que era una seguidora de Jesús».

En última instancia eso es todo lo que importa. Aparentemente el sujeto de Lucas 9 no se convirtió en un seguidor de Jesús porque puso su familia antes que el seguir a Cristo. Y tal vez cuando él falleció, alguien se puso de pie y dijo sobre él: «Era un hombre de familia. Nada le importaba más que la familia. Siempre ponía a su familia primero». Y quizás aquellos que estaban sentados allí pensaron para sí: «Que maravillosa manera de ser recordado; él puso a su familia primero». Pero nosotros sabemos que un día este hombre estuvo cara a cara con el Hijo de Dios. Y tuvo la oportunidad de ser su seguidor y formar parte de aquellos que cambian el mundo para siempre. El hecho de poner a su familia primero no constituye una prueba con respecto a su carácter, y evidencia su necedad. Puso su familia antes que el seguir a Jesús. Al final ese no resultó un buen canje.

¿Qué es lo que está compitiendo con tu lealtad a Cristo? Tal vez tengas ambas manos sobre el arado, pero ¿qué es lo que te hace mirar atrás? Hasta que no hayas rendido todo a Jesús y de verdad lo hayas puesto sobre todo lo demás en tu vida, no conocerás el gozo y la satisfacción que finalmente llegan cuando te juegas.

Cuando estaba en la escuela secundaria, leí la biografía de William Borden. Su compromiso en cuanto a seguir a Cristo tuvo un impacto significativo en mi decisión de servir al Señor en el ministerio. William Borden siempre será conocido como «un seguidor de Cristo». Hay muchas otras maneras en que se lo podría haber descrito. Podría haber sido descrito como un «multimillonario». Nació hacia fines del 1800. Era heredero de una fortuna familiar, una compañía láctea que vale miles de millones hoy. Podría haber sido descrito como un «graduado de la liga Ivy». Realizó trabajos previos a la graduación en Yale y logró un título en Princeton. Pero William Borden decidió ser conocido como un seguidor de Cristo. Dejó sus millones y siguió el llamado de Jesús para ir a un grupo de personas musulmanas que aún no habían sido alcanzadas.

Luego de graduarse de la escuela secundaria sus padres lo enviaron en un viaje alrededor del mundo. Al viajar por Europa, Asia y el Medio Oriente, Dios comenzó a llamarlo para que alcanzara a la gente perdida que nunca había oído las buenas nuevas del evangelio. Les escribió a sus padres que estaban en casa para decirles que entregaba su vida a Jesús para salir al campo misionero. En ese viaje escribió dos palabras en su Biblia:

Sin reservas.

Él sabía que seguir a Jesús de esa manera requería un compromiso completo. El padre de William insistió en que él asistiera a la universidad, así que se anotó en Yale. Durante su primer año, descubrió que su pasión por Cristo no era compartida por muchos, así que comenzó a reunirse con un amigo por las mañanas para leer la Biblia y orar juntos. Antes de que pasara mucho tiempo otros estudiantes se unieron a ellos y eso se transformó en un avivamiento en el campus cuando los alumnos comenzaron a reunirse en diferentes grupos para estudiar la Biblia y orar. Para cuando William llegó al último año, 1.000 estudiantes formaban parte de uno de esos grupos. Una anotación que él registró en su diario personal durante ese tiempo simplemente decía: «Di que no al yo y sí a Jesús siempre».

en lo que sea. ¿y qué de esto?

En su tiempo en Yale, Borden también trabajó con los sin techo y con los que sufrían y vivían en las calles de New Haven. Fundó y personalmente sostuvo la Misión Yale Hope en un esfuerzo por rehabilitar a los alcohólicos y a los adictos. Su padre murió mientras él estaba en Yale, dejándole a William una fortuna familiar significativa. Luego de graduarse de Yale, Borden escribió dos palabras más al final de su Biblia:

Sin retrocesos.

Sabía que seguir a Jesús significaba que no podía mirar hacia atrás. Él sabía que Jesús lo estaba llamando a las misiones mundiales y decidió llevar el evangelio al pueblo Kansu en China. Antes de ir a la China, fue a Egipto donde pudo aprender el idioma árabe y prepararse para su ministerio a los musulmanes. Mientras estaba en Egipto se contagió de meningitis espinal. William Borden murió un mes más tarde, a la edad de veinticinco años. Fue enterrado en el Cairo.

Podría haber algunos que dijeran que no hizo un buen canje. Entregó su familia, su fortuna, y una futura carrera para seguir a Jesús como misionero y murió antes de llegar al campo misionero. Pero este hombre, que desató la chispa del avivamiento en Yale, que ministró a cientos a través de su misión, y que ha inspirado a miles de misioneros por medio de su compromiso, sabía que había tomado la decisión correcta. Luego de su muerte se encontraron tres frases escritas dentro de la Biblia de este seguidor de Jesús completamente comprometido:

Sin reservas.

Sin retrocesos.

Sin lamentos.

¿Es esa la manera en que vives tu vida como seguidor de Cristo? ¿En qué cambiarías si te jugaras por entero y estuvieras completamente comprometido a seguir a Jesús?

Quiero que imagines que cuando acaba tu vida, en lugar de ser llevado directamente al cielo te encuentras sentado solo en un gigantesco cine. No es así como pensaste que iba a suceder, y sería lindo que te proveyeran palomitas de maíz, pero esperas pacientemente a que comience el show. No estás seguro de cómo se va a desarrollar la película, y solo esperas que algún otro que no sea George Burns o Morgan Freeman represente el papel de Dios. Las luces se van esfumando y comienzan a aparecer los reconocimientos iniciales en la pantalla. Inmediatamente te das cuenta de que conoces a la mayor parte del elenco. Los nombres de tus padres, de tu cónyuge, de tus hijos, de tus amigos, todos ellos aparecen escritos en la pantalla. Pero tu nombre es el que encabeza el reparto. Aparentemente eres la estrella del film. El título relampaguea en la pantalla: «Fan o seguidor: una historia que cuenta el ¿y si no?»

La escena inicial de la película comienza a rodar. Al principio reconoces la escena como un acontecimiento de la vida real, pero luego toma una dirección muy diferente de lo que sucedió en verdad. Los teólogos siguen debatiendo toda esta idea de si Dios, que es el que lo conoce todo, sabe acerca del futuro pero también acerca de los posibles futuros, o no. Y cada escena de la película comienza con algo que sucedió en realidad pero tiene un final que no resulta coherente con lo que en verdad pasó en tu vida.

Aparece la primera escena e inmediatamente te resulta familiar. Estás sentado ante una mesa en una primera cita. Al escuchar el diálogo de la película, recuerdas la conversación. Te resulta claro que la persona con la que tienes la cita no es cristiana, pero tú te diviertes mucho y decides continuar la relación. Al mirar, te das cuenta de que eso pasó cuando tú comenzaste a alejarte de Dios. Fue el comienzo de una larga temporada de sequía espiritual. Pero en esta película las cosas ocurren de otro modo. Tú invitas a la persona a la iglesia, y ella no muestra interés. Entonces decides que no puede haber una relación allí. Aparecen unas letras en la parte baja de la pantalla que dicen: DOS MESES DESPUÉS. Tú estás en un servicio de la iglesia y la persona de la cita entra y se sienta junto a ti y te dice: «*Pensé que bien podría probar*».

Recuerdas bien la siguiente escena. Estás sentado en una agencia de viajes con tu cónyuge, hojeando folletos sobre el tipo de crucero que van a realizar. Y recuerdas lo que sucedió: elegiste un hermoso crucero al Caribe y fue maravilloso. Pero en la película las cosas toman un diferente curso de acción. Dejas el folleto y recuerdas el viaje misionero que la iglesia va a realizar en la misma época. Le preguntas a tu cónyuge si pueden hablar afuera por un minuto. Tú le compartes tu loca idea. De camino a casa llamas a la iglesia y dices: «Saben, mi cónyuge y yo hemos estado hablando y nos gustaría ir en un viaje misionero este año en nuestras vacaciones». Y ves que la película los muestra a los dos visitando un orfanato en Guatemala. Los dos les sirven comida a los niños y ves que ambos se sientan a los lados de una chica joven durante el almuerzo. Hay un corte y se produce un salto en la película. En la próxima escena los dos están sentados uno a cada lado de la chica, pero cuando la imagen se amplía te das cuenta de que están en tu propio hogar alrededor de la mesa.

Las escenas continúan. Te ves en el trabajo. Una persona llega a tu oficina. La escena te resulta vagamente familiar. Reconoces a esa persona pero no terminas de ubicar su nombre. Sin embargo, recuerdas que era una de las personas de mantenimiento especializado y que tú pronto estableciste algunos límites de modo que no tuvieras que escuchar constantemente acerca de los problemas de ellos. Pero en esta película las cosas suceden de otro modo. Te sientas y los escuchas. Entonces dices: *«¿Puedo orar por ustedes?»*.

La escena cambia. Conoces muy bien la que aparece ahora. Tú y tu cónyuge están mirando las noticias. Siempre lo han hecho. Es un ritual nocturno. Un poco de noticias, seguido por un programa de entrevistas hasta tarde en la noche. Pero en la película las cosas vuelven a suceder de otra manera. Tú apagas el televisor y se los ve a los dos ponerse de rodillas junto a la cama. Entrelazan los dedos y comienzan a orar. Al mirar esta película te das cuenta de que no son solo las escenas las que difieren en cuanto a tu alternativa de vida como seguidor. Tú eres diferente. Hay un gozo y una satisfacción del alma que se producen cuando seguimos a Jesús de todo corazón, y que no se pueden encontrar en ninguna otra parte.

¿Qué escenas se desarrollarían de un modo diferente en tu vida si en lugar de ser un fan fueras un seguidor? ¿Cómo se vería tu vida si siguieras a Jesús completamente? Sin excusas. Dondequiera. Cuando él quiera. En lo que sea.

He descubierto que una de las razones más frecuentes que dan las personas en cuanto a no seguir a Jesús es que quieren tener sus vidas equilibradas primero. Suena como algo noble, como que están tomando la invitación de Jesús con tanta seriedad que quieren esperar hasta que consigan darle un giro a su vida e ir en la dirección correcta para seguirlo. Pero cuando Jesús te invita a ir tras él, su invitación te alcanza donde tú estás. Él no desea que tú esperes a mañana con la esperanza de que finalmente estés andando por el sendero correcto; quiere que le digas que sí hoy, y él te conducirá fuera de aquello en lo que estás ahora.

Tengo un GPS en mi teléfono que raramente uso. Tiendo a pensar que sé a dónde voy, aun cuando no sea así. Mayormente, cada vez que uso el GPS es porque he intentado encontrar algo por mí mismo pero me las he arreglado para perderme. Cuando marco el destino en mi celular, la primera pregunta que aparece en la pantalla es esta: «¿Directivas desde la ubicación actual?». En otras palabras: «¿Quiere comenzar desde donde está?». Y entonces empieza a calcular mi ruta, no desde donde yo comencé, ni desde el dato de la dirección a la que me debería dirigir, sino desde donde estoy ubicado en ese momento. Cuando Jesús te invita a seguirlo, él quiere que tú comiences precisamente desde tu ubicación presente. No tienes que volver al lugar en el que comenzaste. No necesitas acercarte un poco más por ti mismo. Él te alcanza con su gracia y amor y te invita a seguirlo. Desea que comiences a seguirlo precisamente desde donde estás, y quiere que empieces de inmediato.

> El Señor recorre con su mirada toda la tierra, y está listo para ayudar a quienes le son fieles.
>
> 2 Crónicas 16:9

reconocimientos

Seguir a Jesús implica una travesía que Dios no pretendió que realizáramos solos. Muchas de las mismas personas con las que viajo por este camino llamado «seguimiento» son aquellas a las que deseo agradecer por ayudarme con este libro:

A mi esposa, DesiRae: Gracias por tu constante aliento y apoyo mientras escribía este libro acerca de seguir a Jesús. Gracias por tu paciencia y gracia, cosas que no describen mi vida. Es difícil imaginar cómo seguir a Jesús sin ti a mi lado.

A Cary Meyer, Tony Young, y Shane Sooter: Gracias por desarrollar el concepto de «No soy fan» y por ayudar a que este simple mensaje se convirtiera en un gran movimiento del pueblo de Dios.

A Laura Williams: Gracias por ser una sierva tan humilde. Me has ayudado en este proyecto a cada paso del camino. Tú y Debbie siempre trabajan con fidelidad detrás de escena. Grande es tu recompensa en el cielo.

A Gregg Dedrick: Dios me habló a través de ti en un momento justo de mi vida. Gracias por recordarme acerca del poder del Espíritu Santo en la vida de un seguidor.

A Dave Stone y a los ancianos de la iglesia Southeast Christian Church: Me encanta que el liderar junto con ustedes signifique seguirlo a él.

reconocimientos

A Taylor Walling, Luke Davidson y Heath Williams: Gracias por su investigación, edición y perspectivas.

A Don Gates y al equipo de Zondervan: Gracias por no solo ser profesionales sino también seguidores comprometidos. Cindy Lambert: cuando entraste a la oficina con el equipo de edición y vi que traías mi manuscrito, me preparé para la tinta roja. En lugar de eso, me conmoví más allá de las palabras cuando tú hiciste que todos nosotros nos pusiéramos de rodillas y le dedicáramos este trabajo al Señor.

A la iglesia Southeast Christian Church y a mis amigos «No soy fan» de Facebook: Es tremendo seguir a Jesús junto con una comunidad de más de 50.000 personas de dieciséis países diferentes. Escuchar sus historias me inspiró a escribir este libro y me mostró lo que es seguir a Jesús.

notas

1. Andre Agassi, Open: An Autobiography, Knopf, Nueva York, 2009.

2. www.msnbc.msn.com/ID/4541605/NS/health fitness

3. Larry Osborne, A Contrarian's Guide to Knowing God, Multnomah, Sisters, Ore., 2007, p. 75.

Nos agradaría recibir noticias suyas.
Por favor, envíe sus comentarios sobre este libro
a la dirección que aparece a continuación.
Muchas gracias.

Editorial Vida
Vida@zondervan.com
www.editorialvida.com